仕事も
人間関係も
うまくいく
88
のヒント

いつも機嫌がいい人の小さな習慣

ITSUMO KIGEN GA IIHITO NO
CHIISANA SHUKAN

有川真由美
MAYUMI ARIKAWA

毎日新聞出版

いつも機嫌がいい人の小さな習慣

仕事も人間関係も
うまくいく88のヒント

はじめに

人を変えるのは、小さな習慣の力です。

私たちが一瞬一瞬、積み重ねていく言葉や行動は、心の習慣になっていきます。

この本では、「いつも機嫌がいい人」になるための、だれでもカンタンにできる小さな習慣を集めてみました。

「いつも機嫌がいい人」というのは、心を明るくしようとする習慣がある人です。

それは、ほんのちょっとしたことです。

外に出たときに、ふと空を見上げる。

焦りそうになったら、深呼吸をする。

感動したら、それを思いきり表現する。

ストレスを感じたら、「ま、いっか」で肩の荷を降ろす……。

少し気分が前向きになったり、ラクになったりすることを繰り返していきます。


私は、いつからか、どんなきっかけだったか忘れてしまいましたが、この本のなかにある「朝起きたときにベッドを整える」という習慣を毎朝、繰り返しています。

基本的にはずぼらな人間で、ときどき「面倒だな。放置しちゃおうかな」と思うこともありますが、なんとなくルール化しているので、体が動いてしまうもの。怠け心が出てきそうなときこそ、やってしまえば気分がいいものです。

「ひとつ終わった。さて、動き出しましょうかね」と、少しばかり清々しい気分になって、一日を始められます。

そんな些細なことが、一日をつくり、自分をつくっていくと実感するのです。

不思議なもので、いい習慣がひとつ身につくと、ほかの動きも変わっていきます。

自分が少しばかり、ちゃんとした人、余裕のある人になったような気がして、無意識にそんな行動をとるようになるのです。

習慣の力は、ドミノ式にいい結果をもたらしてくれることがあります。

一発逆転でなくても、そのときどき、明るい方向に進もうとすることで、明るい現実がゆっくり、でも確実に近づいてくるのです。

もし、あなたが、この本にあることをひとつでも実行し、それを繰り返していけば、つぎのような効果があります。

- 毎日を機嫌よく過ごせるようになる。
- 一瞬、一瞬の喜びや幸せに目が向けられるようになる。
- 無駄なことでイライラしたり、クヨクヨしたりしなくなる。
- 自分に自信がもてるようになる。
- まわりの人に、余裕の気持ちで接することができるようになる。

・魅力的で、明るい印象になって、人やチャンスが集まってくる。

小さな習慣は、人を変えるだけでなく、人生まで変えていく力があります。

さて、習慣というのは、「小さなことでないと続かない」「〝快感〟がないと続かない」という特徴があります。

悪習慣から抜け出せないのも、ちょっとした〝快感〟があるから。

しかし、それは、罪悪感や自己嫌悪がともなって、あまり気分のいいものではないでしょう。

これから始める習慣は、〝快感〟というよりも、〝気分のいいこと〟を実感しながら続けてください。

「習慣にするためのコツ」はつぎの3つです。

1 いますぐできるカンタンなことから、一つずつやってみる。

2「気分がいいこと」をしっかりと味わう。

3どんなとき、なにをきっかけにするかを決める。


続けるためには、一度にたくさんやらないことです。

この本のなかから「これできそう！」と心に響くものから始めてください。

そして、「あぁ、すっきり！」とか、「気分がラクになった！」とか、「自分ってなかなかいい人じゃない！」といった、いい気分をしっかりと味わってください。

もうひとつ、習慣化のために大事なのは、いつ、どこで、なにをきっかけにするかを決めること。「朝、起きたとき」「人に会ったとき」「イラっとしたとき」「食事をするとき」「帰ってきたとき」……「こんなときは、こうしよう」と、自分なりのルールを決めると、それが、自分を変えていく小さな〝仕掛け〟になります。

はじめは人が習慣をつくり、それから習慣が人をつくっていくのです。

……というわけで、とりあえず、今日からできるカンタンな習慣を決めて、やってみませんか？

この本をきっかけに、あなたの行動がひとつ変わって、あなたの毎日が少しでも明るいものになれたなら、著者として、これほどの喜びはありません。

2019年10月　有川真由美

いつも機嫌がいい人の小さな習慣
仕事も人間関係もうまくいく88のヒント

CONTENTS

CHAPTER 4

感情の整理ができて、上機嫌で過ごせる習慣

119

CHAPTER 5

ゴールを設定して道のりを考える、段取り上手な人の習慣

CHAPTER 6

ブックデザイン　アルビレオ
校閲　くすのき舎
DTP　明昌堂

CHAPTER 1

あなたの未来を変える、ちょっとした習慣

1

雨の日ほど笑顔で過ごす

すっきりと晴れた日は、それだけで気分がよくなります。

反対に、朝起きたら、雨が降っていたとき、「あーあ、仕事に行きたくない」「今日は服や靴が濡れそう」などと憂鬱《ゆううつ》な気分になるかもしれません。

でも、そんな憂鬱な日ほど、「それもまたよし！」とにっこりしてみませんか？

そして、１日をできるだけ笑顔で過ごすようにするのです。

私は、この習慣を実践してから、雨が好きになりました。しとしとと降る雨の音や匂いが好き、カラフルな色の傘が好き、雨に濡れる花が好き、雨の日の読書やドライブが好き……と自分を喜ばせてくれるものを見つけて、ご機嫌に過ごせるのです。

同じように、いいことがあったときだけでなく、気が滅入りそうなときこそ笑顔で過ごすように心がけると、イライラしたり、落ち込んだりする心が落ち着いて「まぁ、いいじゃないか」と、明るく前向きな気持ちになってきます。

笑顔は、自分を幸せにしてくれる、いちばん簡単な〝技術《スキル》〟です。

そして笑顔は、人をちょっと幸せにできます。まわりの人との関係がギクシャクしているときこそ、笑顔で接すると、わだかまりが解けていきます。

家庭や職場にいつも笑顔の人がいるだけで、ほっと癒《い》やされる気分になるはずです。

笑顔の人はどんな高価な服を着ている人より、髪型やメイクに気を使っている人より、魅力的に見えるもの。明るさ、やさしさ、余裕が伝わって、一緒にいたいと思われます。「いい笑顔ですね」と言われるカッコいい〝大人〟でありたいものです。

幸せだから笑顔になるのではなく、笑顔だから幸せがやってくるのです

2

挨拶をするときは、相手に体ごと向ける

せっかく挨拶をするなら、丁寧にやりましょう。

笑顔で声をかけることはもちろん、心がけてほしいのは「相手に体ごと向けて、目を見て挨拶する」ということ。

「体ごと」ができている人は意外に少ないのです。急いでいるとき、デスクで仕事をしているときなど、挨拶をされても、ちらりと相手を見るだけだったり、顔さえ向けなかったり……。心がないことは、すぐに見抜かれてしまいます。

「あなたには関心がありません」と言われているようなものです。

相手に体を向けるのは時間も手間もかかりません。適当に挨拶するのとは印象がまるで違います。

挨拶とは単なる儀礼ではなく、「あなたを認めています」と尊敬や愛情などの〝気持ち〟を伝えるメッセージなのです。

人はだれしも「認められたい」という承認欲求をもっています。自分を認めてもらえることは嬉しく、そんな相手には好意的に接するようになります。

挨拶をしっかりしているだけで、「いい人だね」と評判がよくなったり、応援してくれる人が現れたりする例は、山ほどあります。

自分から積極的に話せない人も、コミュニケーションが苦手という人も、「丁寧な挨拶」という強力な武器があれば、相手の心をしっかり摑むことができます。「今日はいい天気ですね」などと、会話が始まることも多いはずです。

挨拶の重要性を知っている人は、一つひとつの挨拶に手を抜かないのです。

丁寧な挨拶は、コミュニケーションの第一歩です

3

身近にいる人ほど「ありがとう」を言う

私たちは、ちゃんと「ありがとう」が言えているでしょうか？

目上の人や特別な人に対しては、何度もお礼を言ったり、丁寧なお礼メールを送ったりするのに、いちばん近くにいる人たちには言えてないのではありませんか？

身近にいる人、いつも起きていることは、近すぎて〝鈍感〟になってしまうもの。

でも、あたりまえに近くにいる人こそ、私たちを支えてくれている、いちばん有難い存在です。「ありがとう」は、なんとなくスルーしてしまいがちなことを、「これって、あたりまえじゃないよね」「この人の存在って有難いな」とひとつずつ丁寧に見つめる機会を与えてくれます。

感謝の気持ちを忘れてしまったら、その大切な人に対して横柄な態度になったり、不満を言うようになったりするでしょう。

あらたまっては照れくさい人も、してもらった小さなことに「ありがとう！」と伝えることを習慣にしてみませんか？

「ありがとう」は、相手に感謝の気持ちを伝えるための言葉でもありますが、自分自身の心をきれいにしておくための〝おまじない〟でもあります。

落ち込んでいるとき、怒りを感じているときも、感謝の言葉をひとりでつぶやくと、不思議と心が穏やかになり、忘れていた喜びや恵みに気づくでしょう。

家族がいること。仕事があること。ゴハンが食べられること。生まれてきたこと。明日が来ること……。なにひとつ、変化のないあたりまえのことなんてありません。

そんな〝奇跡〟に感謝できたら、私たちはいつだって幸せになれるのです。

「ありがとう」で、いまここにある幸せを感じましょう

4

興味をもったことはすぐに調べる

ある男子大学生が食事中に、メニューを見てこんなことを尋ねてきました。

「グラッパってどんなお酒ですか？」

「さあ。私はお酒のことは無知なので……」

「（スマホで調べて）あー、イタリアの蒸留酒なんだ（と満足そうな顔）」

「すぐに調べるっていいね。いつもそうやって調べるの？」

「はい、気になっちゃうんで。役に立たない無駄な知識ばかりが増えてますけど」

彼は苦笑いをしていましたが、そんな無駄と思えることに興味をもつクセ、それを知ろうとするクセは、すばらしいと思ったのです。

多くの人は、仕事や試験勉強や、英単語を覚えるといった目的がある知識は求めようとしますが、たまたま出逢った知らないことは、ついそのまま放置してしまいます。

でも、「知らなかったことが、わかるようになる」という〝快感〟は、人間の純粋な喜びです。求めれば求めるほど、「なるほど、そういうことか！」「へー、おもしろい！」という快感で満たされていきます。

子どもが「なんで？　どうして？」と好奇心でいっぱいなように、私たち大人も、街を歩いているとき、テレビを観ているとき、人と話しているとき、「これってなに？」「どういう意味？」「なんでこうなの？」という疑問がわいてくるはずです。

調べるだけでなく、自分で考えたほうがいいこと、人に聞いたほうがいいことなど解決方法はいろいろあるし、答えが出ないこともあるかもしれません。

大切なのは、好奇心を持ち続けること。求め続けること。

すぐに調べるクセは、毎日の生活、人生をゆたかにしてくれるはずです。


知らなかったことを知るのは、すばらしく気持ちがいいものです

5

「使わない」と思ったモノは、3秒以内に捨てる

モノを捨てられない人は、「(モノが)使えるか、使えないか」で、判断します。

モノを捨てられる人は、「(自分が)使うか、使わないか」で、判断します。

つまり「モノを中心に考えるか」「自分を中心に考えるか」という判断基準の違いです。

モノというのは、捨てないかぎり、どんどん増えていきます。すると、モノに振り回されることも増えてくる。たとえば、服が多くなると、クローゼットのスペースをとられる。さらに手入れや選ぶのに時間と手間をとられる……というように。

捨てられる人は、自分が「どんな状態であれば快適か」をいつも考えている人です。

モノが減ると、視界に入るものが減るので、とにかく気分が軽くなります。

お気に入りのモノ、必要なモノだけに囲まれているのは、心地いいもの。探すのも、選ぶのもラク。「おーい」と呼べば、「はーい」と返ってくるような風通しのよさがあります。少なければいいというのではなく、その人なりの〝適量〟があるはずです。

私が心地よさを保つために決めているのは「使わないと思ったら、3秒以内に捨てる」というルール。郵便受けのチラシ、引き出しの奥にあったペン、冷蔵庫の賞味期限を大幅に過ぎた食品など発見した時点で、その都度、捨てるようにします。それを繰り返していると、自分に必要なもの、好きなものがわかって、モノを買うこと自体が減ってきます。

「もったいない」と罪悪感をもつ必要はありません。使わず放置していることこそ、愛のない行為。無視するのと同じです。自分のために役目を果たしてくれたモノに「ありがとう」と感謝して、一つひとつ手放していこうではありませんか。

使うモノを厳選していくと、〝自分〟が見えてきます

6

1日1回、体重計に乗る

もう20年以上前、強く「痩せたい！」と思ったときから、ほとんど欠かさず続けている習慣です。たったこれだけのことで体重が落ちていったのは不思議なほど。

毎日、体重を量っていると、まったく同じ状態ではなく、いくらか上下があります。

すると、「500グラム増えたけど、焼肉とご飯をたくさん食べたからなぁ」と、自分がどんな食事を摂ったら太るか、逆に痩せるかがわかってきます。「今日は、朝食と夕食を軽めにして、できるだけ歩こう」などと自然に調整するのです。

ちなみにこの方法、ダイエット本を何十冊と作ってきた編集者が「唯一続けられて、効果があった」と絶賛していた習慣。なにごとも大切なのは、挫折しない継続力です。

いまはダイエットが目的ではなく、健康のために体重計に乗っていますが、それだけでなく、この習慣はつぎのことをインプットしてくれるからです。

「現実にちゃんと目を向ける」↓「小さな心がけをする」↓「かならず結果が出る」


いちばん大事なポイントは、最初の「現実にちゃんと目を向ける」という勇気。

ダイエットがうまくいかない人にかぎって、「恐ろしくて、もう何年も体重計に乗っていない」と言っていたりするもの。現実から目を背けたい気持ちはよくわかりますが、「いまの自分ってこうなんだ」と理想と現実のギャップを素直に認めるだけで、自然にそれを埋めようと行動するのです。結果がでれば自信になり、さらに勇気がわいてくるという好循環。この自信は、日々の生活でさまざまな勇気をくれます。

反対に、「怠ることをしたら、それも結果に出てくる」ということもわかります。

すべては「原因」があり「結果」が生まれると、身をもって教えてくれる習慣です。


大切なのは、現実をしっかり見つめる勇気なのです

7 いつもと違うことをしてみる

あなたがいつもご機嫌で、ワクワクした生活を送るために行うべき、もっとも手っ取り早い方法のひとつは、「いつもと違うことをしてみること」です。

たとえば、いつもと違う帰り道を通って遠回りをしてみると、知らなかったお店を発見して、そこで素敵な出逢いがあるかもしれません。

いつもと違う同僚とランチをすると、面白い情報が聞けるかもしれません。

いつもと違う仕事の方法を試すと、効率的な方法が見つかるかもしれません。

ほかにも、いつもと違うものを食べてみる。いつもと違う音楽を聴く。いつもと違うシャンプーを買う。いつもと違う休日の過ごし方をするなど、なんでもいいのです。

私は毎年、違うタイプのスケジュール帳を買うようにしています（使いやすさやデザインにはこだわります）。散歩をするとき、外食をするとき、旅をするとき、大好きな場所には繰り返し行きますが、それ以外は新しい場所に冒険気分で出かけます。

そうしようとするだけでも、単純にワクワクして、気分が変わってきます。

ふとしたときに、いつもと違うことをしてみる習慣は、ちょっとした心の刺激があり、チャンスや気づきが増えていきます。

人間、慣れ親しんだ行動に安心するもの。でも、それでは同じ情報を同じ感覚で受け取っているだけ。いえ、感覚はどんどん鈍って、マンネリ化していくでしょう。

もうひとつ、「いつもと違うことをすること」の効果は、いまいる場所の価値に気づくこと。旅をしたあと、いつもの仕事が新鮮に感じられたり、あたりまえのありがたさに気づいたりするように、私たちは、いつもと違う体験をしながら、無意識に自分の世界を確認しています。

少し行動を変えてみるだけで、見えている景色が変わってくるのです。


いつもと違う行動をすることは、自分の世界を広げることです

8

「腹八分目」を心がける

80代後半で、ものすごく元気で精力的に執筆をしている作家に、教えてもらった習慣が、「腹八分目」でした。一緒に外食をするときも、談笑しながらゆっくり食べ、ある程度の量までくると、「僕はもういらない」と箸をおく。料理がどんなに残っていても食事は終わりで、あとはコーヒーやお茶を飲んでいるのです。

昔から「腹八分目に医者いらず」と言われるように、腹八分目は病気の発症を防いだり、老化や美容にも効果があったり……。長寿の人に共通する習慣とも聞きます。

私が「腹八分目の食事」を実践するようになってよかったのは、なにより体と心がらくちんになるから。「量を抑えなきゃ」と考えるとストレスになりますが、「できるだけ心地いい食事にしよう」と考えると、継続できるのです。

そう、満腹というのは、あまり心地よくないのです。お腹がパンパンになるまで食べて、胃がもたれたり、だるくなったり、頭がぼーっとした経験はありませんか？

満腹になると、胃腸を酷使して、そこに血液やエネルギーが集中してしまうのです。おまけに「また食べ過ぎてしまった」と罪悪感までついてくることもしばしば。

「腹八分目」とは、苦しさや罪悪感がない食事のこと。「満腹ではないけれど、心地よく〝食べた感〟がある」という感覚で止めると、体も頭もキビキビと動きます。

腹八分目を実践するには、よく噛んで味わって食べる、一口ごとに箸をおくなどの方法がありますが、おすすめなのが、最初に食べる量を決めること。自宅では適量だけ盛り付ける。外食で量が多過ぎるときは「8割食べよう」など最初に決めましょう。だんだん「食事は量より質」という考え方になり、かえって食生活は豊かになるはずです。


「腹八分目」とは、苦しさや罪悪感がない、心地いい食事のことです

9 ときどき空を見上げる

あなたは、1日に何回、空を見上げますか？

「考えたこともない」「空を見るのを忘れていた」という人もいるのでは？

私も目の前のことで余裕がなく、せわしない日々を送っているときは、そうでした。

でも、そんなときこそ、空を見上げることにしたのです。

朝、目覚めたとき、洗濯ものを干すとき、家やオフィスから外に出たとき、仕事でふと一息ついたとき、夕焼けのとき、月や星が出ているとき……。

その度に異なる空があり、季節の移ろいがあり、〝ちょっとした感動〟があります。

大きな感動ではないけれど、単純に「澄み切った空だ」とか「もう入道雲の季節だ」とか。すりガラスのような曇り空も、泣いているような雨の空も、それはそれで情緒があり、きれいな夕焼けや、虹の出ている空を見ることができたときはトクした気分。

そんな小さな感動の積み重ねは、じんわりと心を満たしてくれるのです。

そして、理屈ではなく、空を眺めていると、ふーっと力が抜けて、悩んでいたことも「ま、いっか」と思えてきます。せかせかしているとき、イライラ、クヨクヨしているときは、大抵、下のほうを向いて、心の視野も狭くなっているもの。身近にある大切なことや、大切な人も、目に入らなくなってしまいがちです。

物理的に視野が広がると、心の視野も広がります。

あらたまって自然に触れる機会がなくても、私たちの上には、いつも大きな空があります。空は世界の果てまで続いているし、太古の昔から変わらないで、どんな人にもひとしくそこにある……。そんな偉大な存在を見上げるだけで、まるで大自然の周波数に心が合ってくるように、穏やかな気持ちになるのではないでしょうか。

「見上げる」という行為は、イヤなことを考えさせない行為です

10

感動を思いきり表現する

「こんな人と一緒にいると、楽しい」と感じるのは、ちょっとしたことでも感動して、それを表現してくれる人です。

びっくりしたとき、お笑いタレントのリアクションのように、「えー！　なんですか、それ。知らなかったなぁ」とオーバーなぐらいに表現する人と一緒にいると、つい嬉しくなって、話がどんどん盛り上がります。

食事をするとき、グルメリポーターばりに「うわっ、この味はたまりませんね〜」など表情豊かに喜ぶ人と一緒にいると、美味しさも倍増します。

花が咲いているのを見て「わー、きれい〜」、だれかの話を聞いて「面白すぎます」、仕事がうまくいって「ほんと、よかった〜！」と感動をすぐに口にする〝感動上手〟な人は、人のためというより、「自分が感動したい」から感動するのでしょう。

ささやかな感動をキャッチして、それを口にすることで、ご機嫌になれますから。

反対に、なにを聞いても、なにを食べても、なにを見ても、感動のない人、感動してもそれを表現しない人は、どうも不機嫌そうに見えてしまいます。

さらに、そんな人は、「この料理はいまいち……」とか「話がつまらなかったね」などとよくない点を口にすることが多く、微妙な空気になることもしばしばです。

〝感動上手〟な人になるには、①感動をどんどん言葉にすること、②笑顔や驚きなど表情を豊かにすること、③手振りを加えること、の3つをおすすめします。

たとえば「やったー！」と喜びを表現するとき、「最高！」「すごい、すごい」「今日はいい日だ」など思いつく言葉を加える、晴れ晴れしい笑顔をする。そして、パチパチと拍手をしたり、ガッツポーズをしたり、万歳をしたりと、〝手〟の動きをプラスしたら、もう立派な〝感動上手〟でしょう。

感動を口にすると、自分もまわりもご機嫌になれます

11

意識して「ゆっくりと丁寧に」動く

人生を丁寧に味わいたいと思うなら、丁寧な動作を心がけることです。

丁寧な振る舞いをしていれば、自然に心がこめられます。

一瞬一瞬の時間《とき》が充実したものになるのです。

たとえば、一杯のコーヒーを淹れるとき、「あー、面倒だな……」と思って雑にやってしまうと、楽しくないし、コーヒーもさほど美味しいと感じないでしょう。

「ゆっくり丁寧にコーヒーを淹れよう」と心がけるだけで、落ち着いた気持ちになり、コーヒーを淹れることも、コーヒーを飲むことも、じっくり楽しめるのです。

現代人の生活は多くの雑事に急《せ》かされることが多く、なんでもパパッ、チャチャッと「やっつけよう」としてしまいがちです。そんなときにかぎってミスが増えるのは、心が急いているのに、頭の動きや手先の動きがついていかないからでしょう。

丁寧な動作を心がけることは、心と体のスピードを近づけることでもあります。

急いでいるときほど一つひとつを丁寧にすれば、いちばん研ぎ澄まされて、心も体も疲れない動きになるのです。

「私は雑に動いているかも」と思う人は、まずは一週間、「ゆっくり丁寧に」を心がけてみてください。さまざまな変化があるのを実感するはずです。たとえば、

・ゆっくり丁寧に食事をすると、ごはんが美味しくなる。

・ゆっくり丁寧にしゃべると、相手との関係がよくなる。

・ゆっくり丁寧に歩くと、新しい発見やひらめきがある。

・ゆっくり丁寧に仕事をすると、ミスが減って効率的になる……というように。

一瞬一瞬の美しい動作は、美しい時間、人生をつくっていくのです。

ゆっくり丁寧に動くと、心と体が一体になった美しい所作ができます

12

姿勢を正して、深呼吸をする

私たちが無意識にやっている〝呼吸〟。「自分がどんな呼吸をしているか？」、改めて観察してみると、意外に浅い呼吸になっている人が多いのではないでしょうか。

1日数回、意識して〝深呼吸〟するだけで、心と体にさまざまな変化があるのです。

瞑想、マインドフルネス、ヨガ、気功、座禅……と、ストレス社会に生きる現代人は、さまざまな方法で心の状態を整えていますが、共通しているのは「〝姿勢〟と〝呼吸〟を整えること」。「調身」「調息」「調心」は、瞑想の基本と言われていますが、姿勢の乱れ、呼吸の乱れを調整すれば、心の乱れは自然に整ってくるといいます。

緊張したとき、焦ったときに、「落ちつけー」とばかりにふーっと息を吐くことがありませんか？　それは、無意識に心を整えようとしているから。時間をかけて瞑想や座禅をしなくても、深呼吸は簡単にそれに近い効果を得ることができます。

ただし、やるなら、より効果的な方法でやりましょう。そのポイントは、
・背筋を伸ばし、姿勢を正して、ふーっと息をしっかり吐き切る。
・鼻から吸って、口から吐く（吐く時間を長くとる）。
・息を吐くときはお腹をへこませ、息を吸うときは膨らませる（腹式呼吸で）。
・意識は、呼吸している体の状態に向ける（ほかのことを考えたら、それは脇に置く）。
これを10回繰り返すだけでも、リラックスしてくるのを実感するはずです。慣れてくると、体の血液や水分が手足の先や頭まで行き渡って、体があたたまってくるのを感じます。深呼吸を瞑想のように5分、10分と熱心にやった結果、「イライラしにくくなった」「肌がきれいになった」「冷え性が改善された」という人もいます。
自分はどう感じるのか？　どんな変化があるのか？　楽しみながら続けてください。

姿勢を整えて、呼吸を整えて、心を整えましょう

13

朝起きたときにベッドを整える

起きてすぐにベッドを整えると、出かけるときも帰ってきたときも気分がいいものです。

シーツのシワをきれいにのばし、布団はふわりとさせ、ぺたんこになった枕の形をパンパンと整えて定位置に置く……。たった1～2分のことで、すっきりした気分になります。

私は、汗などの湿気を逃すために、30分ほど布団を二つ折りにしていますが、いずれにしても、きれいに整えた布団を見ると、眠っていた脳が目覚めて、「さて、活動を始めましょうかね」と1日のスイッチが入ります。

夜は夜で、きれいに整ったベッドに体をもぐり込ませる瞬間は、なんともいえない幸福感。これがぐちゃぐちゃなベッドなら、「あーあ」と雑な気分になるでしょう。

朝、ベッドを整える習慣には、もう少し深い意味があります。

たとえ簡単な作業でも、毎日続けることで「小さな達成感」が積み重なるのです。

元アメリカ海軍大将ウィリアム・H・マクレイヴンは、母校テキサス大学の卒業式で「世界を変えようと思うなら、まずベッドメイクから始めましょう」とスピーチをして、ネットの閲覧累積数1000万回を超えるほど注目されました。

「毎朝、ベッドメイクができれば、その日の最初の任務完了です。それによって、ささやかな誇りと、つぎの任務に向かう勇気を得ます」

朝の「小さな達成」は、自信と勇気になり、1日の終わりにはたくさんのことを達成し、それがいつしか大きな達成へとなっていく……そんなことを教えてくれます。

ベッドメイクひとつで、1日の質が向上し、人生の質も向上するのです。


どんな大きな達成も、小さな達成が集まって成り立っています

14

エレベーターやレジ待ちで「お先にどうぞ」

エレベーターや電車などで、われ先にと押しのけていく人が多いなか、「お先にどうぞ」と譲ってもらえると、気持ちがほっこりします。

「お先にどうぞ」が習慣になっている人は、人をいい気分にさせてくれますが、じつは自分がもっといい気分になれるとわかっている人です。

私もスーパーのレジ待ちをしているとき、後ろのペットボトル1本しか買わない女子高校生に「お先にどうぞ」とやってみました。高校生はびっくりした表情で「いいんですか？　ありがとうございます！」と何度も頭を下げていました。

こんな小さなことで感謝されるなんて、「こちらこそ、ありがとう！」とよい気分。

そう、「お先にどうぞ」は相手のためのようで、自分のため。「私が先ですからね」と自分のことばかり考えていたら、ささくれ立った気分のままですから。

職場でも意見がぶつかったり、同じ時間に休憩をとりたかったり、家族でも違うテレビ番組が見たかったり……なにかしらぶつかってしまうことがあります。

お互いに譲らなければ、空気はどこか険悪なものになるでしょう。

「お先にどうぞ」と譲ったら、「ありがとう！」と笑顔で感謝の言葉が返ってきます。

たとえ感謝されなくても、自分の中に小さな誇りが残ります。

なんでも譲ればいいというのではなく、「譲れるときは譲る」を繰り返していると、「どうしてもこれは譲れない」という、ここいちばんで譲ってもらえます。

譲れないことはできるだけ少なくしたほうが、気分もラクです。

知らない人にも、身近な人にも、「お先にどうぞ」をどんどん試みていきましょう。

譲れる人は、カッコよく、余裕があるように見えます

15

メニューは直感で選ぶ

直感で選ぶというと、いい加減なようですが、じつはいちばん確実な判断能力です。

メニューを選ぶとき、「あ！　これ食べたい」と直感で思ったことは、おそらく〝心〟から食べたかったものでしょう。

「いや、待てよ。おすすめメニューのほうがいいかも」などと時間をかけて選ぼうとすると、自分がどうしたら満足するのかはそっちのけで、「損か得か」「人はなにを食べるのか」「なんと思われるか」などと〝思考〟が主張を始めます。

「心（直感）」と「思考」は違うことを考えるから、人は道を間違えてしまうのです。

直感が信じられない人は、ちゃんとした判断材料がほしいのでしょう。

直感は「ピン！　ときた」とか「なんとなくそう感じる」といった理屈では説明できないものなので、それを信じられず、外に外にと答えを求めてしまうのです。

しかしながら、私たちが幸せになる選択は、自分の内側にあるのです。

祖先からのDNAや、生まれてから現在に至るまでの経験、幸せだったこと、危険だったことなど、あらゆるビッグデータから「こっちがいい！」と訴えているのです。覚えていなくても、私たちの中には膨大なデータがインプットされています。

ブルース・リーの有名な言葉に「考えるな。感じろ」というものがあります。彼は心の奥ではなにをしたらいいのか、わかっていると伝えたかったのかもしれません。

仕事を決めるとき、家や車を買うなど大きな決断ほど、じっくり慎重に選びたいものですが、最初に「こんなものがいい」と思ったことが満足度は高いと聞きます。

ただし、直感は稀に間違えます。インプットするときに勘違いもありますから。

まずは日ごろの小さな選択を直感ですることを、純粋に楽しんでみてください。

直感を大事にすることは、自分の素直な気持ちを大事にすることでもあるのです。


直感は私たちを幸せにしてくれるメッセージです

16

とりあえず、やってみる

私は50職種以上の仕事をして、国内外で転々と暮らしてきたので、「勇気がありますね」とか、逆に「なにをしたいかわからない」とか言われることがあります。が、勇気があるわけでもないし、ひとつのことをしたいわけでもありません。ただワクワクしながら「とりあえず、やってみた＝試してみた」ということなのです。

「とりあえず、やってみる」には、「なにがなんでも結果を出す」「これが最後」ということではなく、「選択肢はいくらでもある」という気楽さがあります。

作家という仕事を十数年も続けているのは、あれこれやって、やっとだれかの役に立てる場所を見つけた喜びと、「どこまでできるか試してみたい」と思っているから。

つまり、すべては「試す→結果を確認する」の繰り返しなのです。

仕事、趣味、学び、スポーツ、旅、恋愛、結婚……やりたくないことをやる必要はありませんが、興味があることは、おそれずに、とりあえずやってみることをおすすめします。たまたま気の向かない仕事を割り当てられたときも、とりあえずやってみることで、面白くなったり、新しい展開があったりするかもしれません。

動いていれば、人との出逢いがあり、チャンスがあります。

うまくいかなくても、それは「失敗」ではなく、貴重な「経験」「学び」として残ります。そんな「実験データ」というべき経験値が増えると、だんだんうまくいく方法が見えてきます。自分はなにを喜んで、なにを苦手とするかもわかってきます。

どれだけインターネットで調べても、人から聞いても、やってみないことには、「それがどんなものなのか?」「自分にとってどんな価値があるのか?」はわかりません。

なにより、やってみたほうが後悔のない人生を送れるのではないでしょうか。

試して、確かめることで、〝自分〟ができていきます

17

気持ちよく体を動かす

仕事ができるビジネスパーソンは、体を鍛えている人が多いものです。

その理由は、「日々の達成感がある」「自己肯定感が上がる」「痩せられる」「健康になる」「集中力が高まる」「男女問わずモテるようになる」などさまざまですが、私がつくづく重要だと思う理由はこれです。

体が元気だと、心も元気になりやすいから。

「心と体はつながっている」と実感する人は多いでしょう。

たとえば、体力がない状態では、どんなに意思を強くもとうと思っても、気力がわいてきません。ちょっとしたことで落ち込み、ふんばりもきかないでしょう。一方で、ストレスがあると、体にも不調をきたし、深刻な病気になることもあります。

なにをするにも、まずは体力が第一です

デスクワークが多くなった現代人は、体にとっては不自然な環境。その分、イライラしたり、落ち込んだりすることも増えているような気がするのです。

山村に行くと、70代、80代の高齢者でも足腰が強く、精神的にもタフなのに驚かされます。「草刈り機を振り回していると、生活習慣病も吹き飛ぶよ」と笑う頼もしい姿に、体を動かすことは自然で、心も喜ぶことなのだと思えてくるのです。

ジムに行ったり、ジョギングをしたりしなくても、散歩や体操をしたり、ストレッチをしたりと、自分が「気持ちいい」と思うことをすればいいでしょう。

ともかく体を動かす習慣があれば、ストレスも発散しやすく、気持ちもリラックスしてきます。血流がよくなって、ぐっすりと眠れます。体力も維持できます。

私もウン十年、仕事をしてきて、最後に大事なのは、技術でも、気力でもなく、体力だと、身に染みて感じているのです。

18

だれも見ていないところで、いいことをする

昔の人はよく「だれも見ていなくても、お天道様が見ている」とか「トイレには神様がいて、掃除をすればば女性はきれいになれる」とか言ったものです。

大活躍しているタレントやビジネスパーソンも、自分の家だけでなく、外出先でも、人知れずトイレ掃除をせっせとやっている人が少なくありません。

「自分が成功したのは、トイレ掃除のおかげだ」とおっしゃる方もいます。

「人が見ていないところで、こっそりいいことをする」という習慣には、たしかに神がかったパワーがあるのです。いえ、宗教的なことではなく、だれも見ていなくても、〝自分自身〟はちゃんと見ていますから。自分がなにをしてきたのか、すべての情報がインプットされて「あなたはこんな人だよ〜」とちゃんとわかっているのです。

トイレ掃除というのは、人が嫌がることです。それを人が見ているからではなく、「だれも見ていないところで、やっている」というのは、ちょっとした爽快感があり、小さな達成感や誇りにもなります。地道に努力する謙虚さも忘れません。

そんなよい行いを積み重ねていると、自然に誇りある選択をするようになり、なにかをするときも、うまくいくような気がしてきます。まわりからの応援も集まります。

だれも見ていなくても「ゴミを拾う」「人の靴をそろえる」「落とし物を届ける」などの小さないいことをやると、いい気分です。反対に、だれも見ていないからと「ゴミを道端に捨てる」「仕事をサボる」「拾ったお金をくすねる」といった良心に背く行いをすると罪悪感がつきまとい、どこか自信のない選択をするようになります。

自分の心のあり方がいい結果も、よくない結果も引き寄せるという因果応報のルールは、人生の長いスパンでみると、歴然とわかるのではないでしょうか。

人が見ていないときの行いは、人生に反映されます

19

自分を褒める

どうやら私たちは、自分にダメ出しをするクセがあるようです。

1日に何度も心のなかで「それじゃあ、ダメでしょう」「なんでできないのかな?」「いつもそうなんだから!」などと叱るように、ダメなところを指摘しています。

それなのに、「自分を褒める」という習慣は、あまりないのではないでしょうか。

それでは、叱られてばかりいる子どものように、自信がなくなってしまうでしょう。

自分を信じるためにも、毎日をご機嫌に過ごすためにも、「自分のダメなところ探し」以上に、「自分のいいところ探し」をして、褒めてあげる必要があるのです。

他人を褒めるように「よくやった! えらい」「自分って、なんていいヤツなんだ」などと褒めていると、不思議とイライラ、クヨクヨしなくなってきます。

自分で褒めているので、人に褒められなくても大丈夫。傷ついても立ち直りが早い。自然と自分に褒められる振る舞いをするようになる。他人のいいところも見えてくる……と、自分を褒める習慣の効果は、思った以上に絶大なのです。

褒め慣れていない人は、1日の終わりに「今日は○○ができた。がんばった」「自分から挨拶した。えらい」などと小さな行動を褒めることから始めるといいでしょう。楽しい会話ができたこと、小さな達成をしたこと、時間に間に合ったこと、がんばったこと、耐えたこと……なんでも褒めポイントになります。

自分の性質を「やさしいね」「素直!」「大らか~」と褒めたり、うまくいかなかったときにも「挑戦しただけでも、すごいことだよ」「能力はあるから、つぎは大丈夫」などと褒められたら、かなりの褒め上手。

褒める習慣を身につけたら、励まし、癒やしてくれる応援団を得たようなものです。

自分を褒めていると、どんどん自分が好きになってきます

CHAPTER 2

漠然とした
不安が解消できる、
お金に好かれる
習慣

20

「入ってくるお金」で暮らす

あなたは、自分が毎月、最低限いくらあれば生活できるかを知っていますか？

「将来のお金が不安で……」という悩みを解消する第一歩は、まずはここから。

お金の不安のほとんどは「お金が足りない」というものですが、大抵は漠然とした不安なのです。シンプルなルールさえ守っていれば、まったく困ることはありません。

そのルールとは、「入ってくるお金で暮らす」ということ。

もうひとつ大切なのは、「生活レベルをむやみに上げない」ということです。

すると、将来の不安が消えるだけでなく、「ここぞ！」というときに、自分の大切なこと、好きなことにお金を使えるという喜びも存分に味わえます。

「最低限、必要なお金」を把握しておくことは、「最低レベルで生活しろ」ということではありません。「必要な金額（ランニングコスト）」を知れば、「計画」を立てられるのです。突然、収入が途絶えても「貯金で半年は暮らせるから、その間に仕事を見つけよう」「1年貯金すれば海外旅行ができる」などと現実的に考えられます。

また、この金額を頭に入れておくと、むやみに浪費しなくなります。「あればあっただけ使う」「ついローンを組んでしまう」「人とのつきあいでつい見栄を張ってしまう」という人は、お金の不安がずっとついて回るはずです。

賢く品格のあるお金持ちは、生活は意外に質素。収入が増えても、生活レベルはあまり変わりません。収入が多くなくても、好きなことを実現して豊かに暮らしている人も、高価なブランド品を買ったり、不必要なことに散財したりしないでしょう。

お金の大切さをよくわかっているから、お金にも愛されるのです。

まずは「毎月、最低限かかるお金」を書き出してリストアップしてみませんか？

お金の大切さを知っている人は、お金に愛される人です

21

「安いから」ではなく、「本当に欲しいから」買う

思ったより安いもの、通常より安くなっているものを見つけると、「ラッキー!」と買ってしまう経験は、だれにでもあるのではないでしょうか?

野菜やお惣菜などすぐに消費するものだったり、ずっと欲しかったもの、必要なものが安くなっていたりする場合は、確かに「ラッキー」です。

でも、多くは「安物買いの銭失い」になってしまうもの。つい余計なものを買ったり、安いものはそれなりの品質だったり、バーゲンで買った服がタンスの肥やしになったり……と、トクだと思って買ったつもりが、結局損をすることに。

「最初から、いいものを買っておけばよかった」と後悔することもあるでしょう。

「私はお金がないから」「節約をしているから」とお金で損はしないようにと考えている人にかぎって、このパターンに陥りやすい傾向があります。

予算との兼ね合いを考える必要はありますが、妥協して安いものを3つ買うより、本当に欲しいものを1つ買ったほうが、使っていて気分がいいはずです。

「安い高い」に振り回されるのではなく、主体的にものを選ぶためには、つぎのような〝マイルール〟を決めておくといいでしょう。

・「自分のすごく好きなもの」という視点でものを選ぶ。
・〝欲しいものリスト〟をつくって、必要なときだけショッピングに行く。
・本当に欲しいものは、妥協せず、お金ができてから買う。
・値下げ品は「定価でも購入したいか？」考える。迷ったら一晩寝かせる。
・部屋のなかやクローゼットに、使わないものは置かない。

「身のまわりに置くものは厳選する」と決めてしまえば、「安物買い」から卒業です。

「値段」よりも、自分の「好き」を判断基準に

22

ワクワクする〝目的〟をもって貯金する

貯金する目的でいちばん多いのは「ただなんとなく」という理由だそうです。将来に備えることは大切ですが、目的がないと、なかなか貯まらなかったり、逆にいくら貯めても不安になったりするのではないでしょうか。

うまく貯金して、うまく使っている人たちは、貯金の「金額」よりも「目的」を意識しています。

「老後の資金」「子どもの学費」などの〝安心貯金〟とは別に、思い浮かべただけで気分が高まってくる〝ワクワク貯金〟をしているのです。

「中古のマンションを買ってリフォームしたい」「ニュージーランドを旅したい」「ブックカフェを開きたい」というように、ワクワクしながらイメージを描いています。彼らは、お金は人生を楽しませてくれる「手段」で、「目的」があってこそ価値があるものだとわかっているからです。

貯金の「金額」より「目的」が大事な理由のひとつは、貯金をしている間、ずっとワクワクしていられるから。人は、それを「手に入れたとき」よりも、「手に入れると考えたとき」のほうが、脳の快感物質は多く分泌され、喜びは大きいといいます。

また目的を意識することで、それを叶える方法が見つかりやすくなるからです。

たとえば「100万円貯めて短期留学する」より、単に「短期留学する」という目標にしたほうが、安く留学する情報、留学しながらお金を得る情報が集まってきます。国際線に乗って旅立つ日は、思ったより早くやってくるでしょう。

本気で「これは実現したい！」と思う目的があれば、あの手この手で手段を考えるもの。「お金が貯まらないからできない」では、永遠にできないのです。

「目的」のある貯金が人生を豊かにしてくれます

23

「万が一」に備えておく

将来のお金のことに不安を抱えている人は多いのに、「万が一」に備えている人は、意外に少ないようです。

たとえば、「仕事がなくなったとき」「離婚したとき」「病気になったとき」など、もしもの備えができていないために、経済的に立ち行かなくなってしまうのです。

「起こりもしないことを考えてもしょうがない」と思う人もいるかもしれませんが。

かつて暮らしていた台湾で、多くの人が「万が一に備えておくのは当然」と最後のカードを準備しているのは、私にとってちょっとした衝撃でした。「仕事がなくなったときのために、ほかに稼げる手段をもっておく」「離婚しても、財産分与や養育費でもめないようにしておく」「病気や事故のために保険に入っておく」というように。

自分が進む方向に起こりえる「いいこと」だけでなく、「よくないこと」を考えておくのも、自分や家族の幸せを守っていくために必要なことだと思ったのです。

私はよく旅をしますが、「スリに遭ったら？」「ケガをしたら？」「パソコンが壊れたら？」と「万が一」が起きたときの対策を考えておきます。

そして、「万が一」が起きないための対策もします。

すると、「やれることはやった」と安心して旅を楽しめるのです。

本当のリスクヘッジとは、なにも起きないために、お金と時間をかけることだと教えてくれたのも、台湾の人たちでした。いまの職場で働き続けるために資格を取る、夫婦が仲よくするために週末は食事に行く、健康維持のために毎日歩く、などなど。

いつも少しの危機感をもっておくことが、お金とのいい関係を生むのです。

危機感があるから、大切なものを大切に守ろうとします

24

「モノ」より「経験」にお金をかける

20代、30代のお金のないころ、生活費以外はほとんど、〝経験〟のためにお金を使っていました。

見知らぬ土地を旅すること、優れた絵や写真を見ること、会いたい人に会いに行くこと、新しい習いごとに挑戦すること、食べたことのない料理を食べること……。

これまで見たことのないもの、触れたことのないものを経験することは、単純にたまらない〝快感〟だったからです。

40代以降も「お金を使えて幸せ」としみじみ思うのは、少しばかり高価なモノを買ったときではなく、そんな知的好奇心が満たされたときです。

〝経験〟という「目に見えないもの」にお金をかけるのは、もったいないと思う人もいるかもしれません。お金は、モノや服やバッグといった「目に見えるもの」に変えたほうがあとに残り、有効な使い方だと感じる人もいるでしょう。

しかし、いまの時代に〝一生もの〟なんてなく、買ったモノの価値は下がる一方。経験を買うと、その価値はだんだん生きてきます。たとえ失敗した経験であっても、記憶になくても、自分の中になにかしら息づいていて、生きるためのたくましさになったり、学びや知恵、想像力や判断力を与えてくれたりします。

ひとつの旅をしたこと、ひとつのものを見たこと、ひとりの人に出逢ったこと……そんな小さな経験が、人生を大きくドラマティックに変えることもあります。

家族や大切な人との思い出になる経験が、何度も何度も心をあたためてくれることもあります。小さな経験は、無限の価値と可能性を秘めているのです。

経験を買うと、「自分の価値」をどんどん高めていけます

25

自分自身に投資する

最近は年金の不安などで、投資が話題になることも多いですが、あなたにとって、将来のいちばん高いリターンを生み出す投資先。それは……「あなた自身」です。

3年、5年、10年単位で、自分自身にお金と時間を〝投資〟してみてください。それは、一生使える〝資産〟になって、〝新しい価値〟を生み出します。

たとえば、ペン字や書道を習って「字がきれいに書ける」というスキルを身につけたとしましょう。履歴書で評価されて、再就職が決まりやすくなるかもしれません。社内で喜ばれて、表彰状の名前や垂れ幕をお願いされるかもしれません。手紙や芳名帳の字がきれいだと、一目置かれて、きちんとした印象が残ります。数年、習い事に投資して、一生ものの「評価」を得たことになるのです。

スキルを深めていけば、将来、人に教えて「お金」を生むこともできるでしょう。

本を読めば、その著者がそれまでの人生で得た「知恵」を学ぶことができます。

語学を学べば、それを使う国の人と「つながり」や「情報」を得ることができます。

楽器が弾けるようになれば、一緒にそれを楽しむ「仲間」をつくることができます。

提供できるものが大きくなるほど、人を喜ばせられることが大きくなるほど、それに対するリターンも大きくなります。

収入が2倍3倍、いえ10倍にもなる可能性だってあります。

いえ、収入云々《うんぬん》ではなく、「自分を成長させて、人に喜んでもらうこと」そのものが、人生でいちばんの満足であり、いちばんのリターンではないかと思うのです。

「人を喜ばせること」を意識して、自分を成長させましょう

26

財布の中はいつもきれいに整理しておく

「金運を上げたければ、長財布」「黄色の財布」「財布は年収の200分の1の値段」などといった説がありますが、実際のお金持ちは、そうではないようです。

それぞれ、自分が使いやすくて、気に入った財布を使っています。

ただ、一つだけ共通しているのは、財布の中がきれいに整理されていること。

無駄なものを買わない人、やり繰り上手な人、しっかり貯金をしている人など、お金との付き合い方が上手な人たちの財布も大抵、スッキリ整理されています。

そのため、細かく家計簿をつけなくても、「1週間はこれで過ごす」と予算を立てたり、残金を見て使い方を調整したりと、自分なりの〝仕組み〟ができているのです。

反対に、お金に困っている人にかぎって、お財布がパンパンに膨らんでいるもの。

月末は金欠になる人、ローン払いや散財をしてしまう人など、お金とのつきあい方が下手な人たちの財布の中は、大抵、ごちゃごちゃ。いらないレシートやスタンプカードがいっぱいで、財布の中にいくらあるのか、わかっていない人もいるでしょう。

財布のなかをきれいにすることは、お金を大切に扱うこと、お金の出し入れを把握すること。日ごろのお金を大事にする習慣が、人生のお金の使い方につながります。

まずは財布の中を整理することで、お金を管理しやすい状況をつくりましょう。

「お金に恵まれる人のお財布にするポイント」はつぎの3つ。

1 クレジットカードやポイントカードは、使うものに厳選して入れる。

2 いらないレシートやサービス券は、その都度、または定期的に処理する。

3 お札は種類別に向きをそろえて入れる。

これだけで、なにげなく使っていたお金の流れが見えてくるはずです。

お金の管理をするために、まずは財布の「見える化」から

27 「お金がない」と言わない

「お金がない」という言葉は、口に出さないほうが身のためです。

「お金がないから、飲み会に行けない」「お金がないので、経費を先にほしい」「お金がなくて、貧乏生活です」などと言っていたら、まわりはどう思うでしょうか？

よっぽどの事情があるならまだしも、なんとなく「ツキのない人だ」と思われるはずです。

お金を稼ぐ力や管理する力がない人と認定されて、人が離れていきます。

気を使って、イベントや飲み会にも誘わなくなるでしょう。

「お金がない」という言葉で、信頼もチャンスもなくしてしまうのです。

なにより、「お金がない」という言葉を、だれよりも聞いているのは自分自身。

「自分はお金がないに値する人」と、強烈にインプットすることになるのです。

私はどんなにお金がないときも、「お金がない」と口に出さないようにしてきました。単純にカッコ悪いから、人に気を使わせたくないからということもありましたが、手持ちのお金が少なくても「お金に困っている自分」にはなりたくなかったからです。

「お金がない」という言葉を使わずにいたら、どんなことが起きたかというと……。「いまのお金でもじゅうぶん暮らせる」「本当に欲しいものがあれば、お金はなんとかなる」「もっと稼ぐ自分になれる」……そんなふうに思うようになり、現実的にそうなってきました。お金に縛られずに、生きられるようになったのです。

「お金がない」という言葉は、自分自身を不自由にします。

悪魔の呪文として、使わないよう注意しましょう。

「お金がないから」では、お金に振り回されるようになります

28

入ってくるお金に「ありがとう」とつぶやく

お金が入ってくるのは嬉しいものですが、お給料やボーナスをもらう度、「今月は少ない」「これじゃ、足りなーい」なんてネガティブな気持ちになっていませんか？

お金に負の感情をもっていると、お金にも人生にも恵まれなくなってしまいます。

いただくお金は1円でも10万円でも、心で「ありがとう」とつぶやいてください。

たとえば、お給料に感謝すると、それがあたりまえではないことに気づきます。

雇用先に「あなたはいりません」と言われたり、病気やケガ、ほかの事情で働けなかったりしたら、お金をいただくことはできないのです。

昨今は給与も現金支給ではなく、ＡＴＭや給与明細での確認のため、「お金をありがたく、いただく」という実感が乏しくなっているかもしれません。

だからこそ、入ってくるお金に意識して「ありがとう」と感謝することが大事。

すると、「おかげさまで、これで生活できます」とか「欲しかったものが買えます」といった喜びを実感するとともに、これまで働いてきたことに対して「1か月、よくがんばった、私」と報われた気持ちになるのではないでしょうか。「たったこれだけ」と嘆くのは、「私の価値はたったこれだけ」と嘆いているようなものです。

お金が入ってくるたびに「ありがとう」と感謝する習慣をもつと、〝その価値〟を意識するようになります。お金が入ってくる快感を得るたびに、「もっとがんばろう」という重要なモチベーションにもなります。

ある女性脚本家は、札束を目の前に置いて仕事をすると聞いたことがありますが、「がんばれば、これだけもらえる」と意識すれば、気合も入るでしょう。

お金に対するポジティブな感情は、生きるエネルギーになるのです。

働いてお金を得ることは、あたりまえのことではありません

29

出て行くお金にも「ありがとう」とつぶやく

入ってくるお金だけでなく、出て行くお金にも、「ありがとう！」と大いに感謝して見送りましょう。

「またお金がなくなる〜」「つい買ってしまった」なんて失望感や罪悪感をもっていると、「お金が入ってくる＝いい、お金が出て行く＝悪い」という意識が刷り込まれていきます。

本来、お金は使うためにあるもの。使うことにこそ、喜びがあるはずでしょう？

試しに、自販機でジュースを買うとき、コンビニで支払いをするとき、外食をするときなど、心のなかで「ありがとう！」とつぶやいてみてください。

1日目には、「これが買えてうれしい」という幸せな感情が増してきます。

数日で、ニンジン1本でも「地元産の有機野菜が食べられるのはありがたいことだ」「たくさんの人が関わっている」などと、その〝価値〟を意識するようになります。

1週間ほど「ありがとう」をつぶやき続けていると、「ほんとうにありがたいもの」しか買わなくなるという現象が起こります。

適当に買って「さほどありがたくないもの」は選ばなくなってくるのです。

「なんとなくお金を使う」のと、「価値を考えてお金を使う」。

これは、たいへん大きな違いです。

出て行くお金に「ありがとう」と感謝する習慣をもつと、生きる喜びは倍増します。

お金はそれを得ることが目的ではなく、価値と価値とをつないで幸せを得るための、ありがたい〝橋渡し〟の役目だと気づかせてくれるのです。

お金は「ありがとう」を形にしたものです

30 他人のために お金を使う

日本には寄付文化が根付かないなどと言われることがありますが、それは見知らぬ他人のために、見えないものへのお金を使うことに抵抗があるからかもしれません。昔から共同体のなかではお金を出し合ってお寺や神社を修繕したり、貧しい人を助けたりしていました。現在も冠婚葬祭やお歳暮、お年玉、母の日、バレンタインなど、身近なところで使うお金は、意外に大きいもの。半ばルール化されていても、人が「ありがとう！」と喜ぶ顔を見るのは単純に嬉しく、人と人とのつながりを実感できるものです。

世界のあちらこちらで、「自分のためにお金を使うより、他人のために使ったほうが幸福度は高まる」という研究結果が出ているといいます。自分一人ではなく、複数の人の幸せに貢献できたら、幸せは何倍にもなります。

高校教師の友人は、クラスマッチのたびに、自腹で人数分のコロッケを買って振る舞うそうです（120円×約40人＝約4800円）。お腹の空いた高校生たちが、コロッケをほおばるのを見るのは、なんという幸せでしょう。自分一人でどんなに美味しいものを食べるよりも、ずっと心に残る満足にちがいありません。

また、「見知らぬだれか」のためにもお金を使う人が増えているようです。

震災があったときに、ボランティアからの要望に応じて、必要な食糧やスコップなどをネット販売から直接送ったり、クラウドファンディングで社会的な活動に参加したり……。カンボジアに数百万円で小学校を建てた知人もいましたっけ。

お金がどう使われているのか見えれば、幸福度はより高まります。

ひと月500円でも千円でも、自分なりの方法で、人のためにお金を使う習慣ができれば、小さな満足感がじわじわと心のなかに積み重なっていくと思うのです。

人のためにお金を出すと、信頼と感謝、満足が返ってきます

31

「お金で買える幸せ」「お金で買えない幸せ」をバランスよく求める

「幸せはお金で買えない」とはよく言われる言葉ですが、幸せになるためにお金は〝ある程度〟必要です。たとえば、食べること、着ること、住むこと、教育を受けること、やりたいことを実現することなど、お金なしではできないこともあるでしょう。

「愛があればお金はいらない」などと言っても、お金がないことでケンカになったり、病気になったときに助けてあげられなかったりすることもあるはずです。

お金がいくらかあることで、最低限の欲求は満たされ、不幸になるのを防げます。

しかし、どれだけお金があっても、「まだ足りない」「もっと欲しい」と満足できないのは、不幸なこと。生活レベルが上がって、ぜいたくをするほど、それに対する感謝や喜びの気持ちは薄らいでいきがちです。

人生にはある程度のお金は必要ですが、お金で買えないものこそ、人生の幸せには、より重要です。家族や友人との安心、信頼できる人間関係、持続的な健康、やりがいのある仕事、夢中になれる趣味やライフワーク、心が満たされている時間、自分を高めてよりよい人格をもつこと……。心をこめて、コツコツと積み上げてきたもの、守ってきたものは、深い幸せを実感させてくれます。

たいへん皮肉なことに、人はお金を得るために、このような「お金で得られないもの」を犠牲にしてしまいがちです。

幸せを感じやすい人は、自分にとっての幸せをわかっていて、「お金で買える幸せ」「お金で買えない幸せ」をバランスよく求めています。

お金を盲信せず、侮らずにいることが、お金とうまくつきあっていくヒケツではないでしょうか。

限られたお金で満足できることも、ひとつの才能です

32

「自分の経済的価値」を意識する

最初に言っておきますが、自分が提供する「仕事の価値」と「収入」は、公平ではありません。価値ある仕事をしていても、収入が少ないという人はいくらでもいます。年収や地位が人間的価値と考えるのも、薄っぺらな考えでしょう。収入云々ではなく、自分の道を進んでいる人は〝満足感〟という報酬があります。

ただ、「自分の経済的価値」、つまり、「自分にいくらお金を払ってもらえるのか」を意識することは、生きていくために大切なことだと思っています。

私は新卒採用で入った会社を半年で辞めたあと、さまざまな仕事をしてきました。「自分の値段」というのは、ほとんどそれを買ってくれる人がつけるものです。「ほかの人と同じで時給800円」と言われれば、その価値ですし、「結構、利益を生んでくれたから時給2000円」と言われれば、その価値です。

そうこうしているうちに、「自分はなにができるのか」「自分のなににに価値を感じてもらえるのか」がわかってきます。そして、もっと価値を高めるために学ぼうとか、実績をつけようとか、人と違う付加価値をもとうとか、あれこれ考えるわけです。

「自分の経済的価値」をなんとなくでも意識している人たちは、「自分はこんなことができるんじゃないか」と、つねに可能性を模索し続けています。

まったく考えていない人は、「ほかにできることはないから」と現状に甘んじます。

組織のなかで働いている人も、自分商店を開いているつもりで「自分はなにができるのか」「自分のなにに価値を感じてもらえるのか」を考えると、収入には反映されなくても、信頼や感謝、自分の居場所、発言権など多くの報酬を得ることができます。

「自分はなにができるのか」と考える習慣は、かならず自分に返ってくるはずです。


「なにができるか」「なにを求められてるか」考え続けましょう

CHAPTER 3

コミュニケーションがとれて、仕事がスムーズになる習慣

33

苦手な人にも自分から挨拶をする

苦手な人にバッタリ会ったとき、できれば言葉を交わしたくない、知らんふりをして通り過ぎたいという気持ちになるかもしれません。

でも、そんなときこそ、自分から笑顔で挨拶してみようではありませんか。

気分がいいですから。

挨拶したその瞬間、相手のことを「苦手」とか「嫌い」とか思っていた気持ちや、相手に対する緊張感が、すーっと和らいでいくのを感じるはずです。

近所の人、エレベーターで会う人、年下の人、宅配業者の人……顔見知りであれば、迷わず「おはようございます」「おつかれさまです」と自分から声をかけましょう。

こちらから挨拶すると、ほとんどの相手はほっとして、うれしいと感じるもの。あなたを好意的に見てくれるようになります。

相手に挨拶をされてから返すのは、そのきっかけを相手がつくってくれるのですから、カンタンです。「自分から」が大きな意味をもちます。少しの勇気の分、相手からもよく思われ、気分のいい自尊心が生まれるのです。

たとえ相手が無視したとしても、いいではありませんか。それは相手の問題。「そのうち話すこともあるでしょう」と軽く流しておきましょう。

挨拶というのは、相手のためだけではなく、自分のためでもあるのです。

「イヤだな～」といつまでも頑《かたく》なな感情に振り回される自分。

自ら飛び込んでいって、自分の感情と人間関係を明るく変えていく自分。

あなたはどちらの自分になりたいですか？

「自分から挨拶」ができる人は、毎日を明るくしていける人です

34

相手の名前をたくさん呼ぶ

相手を大切にしたい、相手からも大切にされたいと思うとき、もっともカンタンで効果的な方法は、相手の名前をたくさん呼ぶことです。

熟年になっても、お互いを名前で呼び合う夫婦は仲がいいと聞いたことがありますが、これは多くのカップルが納得するでしょう。

「おい」「ねぇ」「パパ」「ママ」「おまえさぁ」「あなたは……」ではなく、「○○さん」「△△ちゃん」などと呼び続けていれば、「自分は特別なんだ」「私じゃないとだめなのね」と自然に認識して、お互いを大切にするというのです。たしかに、「おい」「ねぇ」では、雑に扱われているようです。

レストランや美容室などでも「いらっしゃいませ、○○様」と名前を呼ばれると、少し特別扱いをしてもらっている気分になり、「また来ようかしら」と思います。「大勢の中の一人」ではなく、〝個人〟として尊重されているという感覚になります。

自分の名前というのは、いちばん特別で、いちばん心地よく響く言葉。そんな〝魔法の言葉〟であなたのことを呼んでくれる相手には、重要感と好感をもって接するようになるのです。

初対面の人、職場の人、家族、友人など、名前を呼ばなくても会話は成立しますが、あえてちょっとしたひと言に名前を散りばめましょう。

「ねぇ、どう思う?」と言うより「〇〇さんは、どう思う?」。

「相談があるんですけど」と言うより「〇〇さんに相談したいことがあるんです」。

自然に相手の顔を見るようになり、相手もちゃんと応えようとしてくれます。

いつも身近にいる人、親しい人ほど、たくさん名前を呼んでください。

たったそれだけのことで人は「自分を認めてもらえている」と確認できるのです。

名前を呼ぶことで〝特別感〟が生まれます

35 むやみに自分と人を比較しない

人の不幸は、「比較すること」から始まっているのではないでしょうか。「あの人に比べて私は……」「平均的な家と比べてうちは……」と、人と比べることで、自分で自分を不幸にしてしまうのです。

そんなときは大抵、「自分にないもの」と「人にあるもの」を比べているもの。最初から負ける戦いをしているのですから、みじめな気持ちになるのは当然です。「人にはないけど自分にあるもの」がたくさんあるのに、そこは見えなくなってしまうのですね。

とはいえ。人間には、人と比べて、自分を確認する本能があるようです。

私も作家としてデビューしたとき、「この本をベストセラーにしたい！」と強く思ったものの、ほかのベストセラー作家の方と自分を比べると、途端に自信がなくなってきました。「私は立派な経歴がない」「気の利いた言葉も知らない」と一行も書けなくなったのです。

かろうじて自尊心を保たせてくれたのは、「人は人、自分は自分。私には私のできることがある」という気持ち。「ダメなことばかりの自分だったから書けることがある」「わかりやすい言葉で書くことができる」と、自分のなかにあるものを信じるしかなかったのです。そうして書いた本は、ベストセラーと呼ばれる本になりました。

比較は振り回されるためのものではありません。やる気や成長のために〝利用〟するものです。「全国トップテンの営業成績をとろう」「あの人みたいにがんばろう」とエネルギーをもらえるなら、人と比べる意味があります。

安易に人と比べず、「自分にあるもの」に目を向ければ、人は幸せになり、輝けるのです。

比較に振り回されず、比較を利用しましょう

36

相手から「いいとこどり」をする

私の古民家をリノベーションしてくれたアルゼンチン人の男性がいました。地元の人に乱暴な言葉をぶつけられたり、うるさがられたりしながらも、わからないことは何度でも聞き、ほかの職人さんたちと信頼関係を築いていく姿に心から感動した私は、「イヤな気分になることはないの？」と聞いてみました。

すると彼は、「昔はあったけど、いちいち腹を立てても疲れるだけでしょう。自分にとって必要なことだけ聞いて、あとは右から左に聞き流せばいいんだよ」と答えたのです。

彼は日本の職人さんたちのスキルや働き方を、心からリスペクトしているのです。

そんな彼だから、助けてくれる人が多く、来日20年で水道や電気などいくつもの資格を取り、日本人女性と家庭をもち、理想の家を建てるまでになったのでした。

私たちは生きていくために、相手の「よくないところ」に目を向けてしまう傾向があるようです。「あの人は～だ」「あの人は～してくれない」というように。

「自分を脅かすもの」には心のセンサーが感度よく働くのです。

でも、生きていくためには、相手の「いいとこどり」でじゅうぶんです。

「こんなことを教えてくれた」「あの人はあの人のいいところがある」と。

自分にとって「都合のいいこと」だけ受け止めて、あとは手放す……。そんな習慣ができれば、マイナスの感情もなくなり、自分の行きたい方向に進んでいけるのです。

同僚や家族など「ここがイヤ」「変わってほしい」と思う人はいくらでもいますが、そこに目を向けても疲れるだけ。〝相手〟がどんな人であろうといい関係を保つ方法があります。「〝自分〟にとって必要なこと」「〝自分〟にとって都合のいいこと」に心のセンサーを働かせればいいのです。


「いいとこどり」をすれば、人も世界も味方になります

37

人のいいところはすぐに口に出す

「後輩に責任感がない」とか「妻がキレやすい」というように、困った相手に悩んでいる人たちに、私はこんな質問をしてみます。

「その方を褒めることってありますか？」

すると、大抵は「あんまりないですね」といった答えが返ってきます。おそらく、よくないところは指摘しても、いいところは口に出していないのでしょう。

人は、相手の長所よりも、短所に目がいってしまうもの。ひとつよくない点が目につくと、そこだけが気になって、いいところは見えにくくなってしまいがちです。

相手から見ると、「この人は、私のことをダメな人間だと思っている」「ちっとも認めてくれない」と映っていて、自然にそのように振る舞ってしまうのです。

だからこそ、意識して、相手のいいところは口に出す必要があります。

むずかしいことではありません。いいところがない人なんていないですから。「きれいな字だね」「電話応対が上手い」「仕事が速い」「人が見ていないところで、よくやっている」など、ふと思ったときにすぐに口に出すのがポイントです。

褒め慣れていない人は、自分の〝感動〟を素直に伝えるといいでしょう。「〇〇さんに任せると安心」「〜してくれるから助かる」「そこ、尊敬するよ」というように。

相手は「いえいえ」なんて照れつつ、顔はほころんでいるはずです。人は自分を認めてくれる相手の期待には応えようと思うもの。あなたへの対応はまったく変わってきます。

いちばんの効果は、褒めた本人がいい気分になることでしょう。

いいところに意識を向けることで、イライラしていた相手にも心の余裕をもてるようになります。相手も自分も幸せになれる褒め習慣は、どんどん実践してみましょう。

褒め上手な人は、愛され上手です

38

応援する人をもつ

だれかを応援する習慣は、毎日の生活にハリを与えてくれます。

オリンピックやなにかのスポーツ選手でも、タレントでも、ユーチューバーでも、なにかの目標に向かってがんばっているだれかを見て、「この人を応援したい！」と思うのは、なんの損得でもなく、無意識にわいてくる感情でしょう。

私もあるサッカー選手のファンになり、国内外の試合を見にいっていましたが、活躍すると心から感動するし、ケガやスランプのときは心配しつつ見守る。そして復活したら、もう親戚のおばちゃんのように感情移入して、涙を流しながら歓喜する……。

人を応援すると、〝感動〟と〝元気〟をもらえるのです。

そして、「私もがんばろうではないか」と、自分自身を応援する気持ちにもなります。

遠い場所にいる人だけでなく、同僚、家族、友人、恋人なども、「応援する」という気持ちで見ると、またちがった喜びがあります。

「応援する」には、相手をコントロールしようという気持ちはありません。「なにか力になることがしたい」と、小さなサポートをしたり、応援メッセージを送ったり。だれかの人生の前進に〝貢献〟していることを実感して、成功を喜び合えるでしょう。

そんな応援する気持ちは、自分を応援してもらえる力になることもあります。

人ががんばっているのを、「私は自分のことで精一杯だから」と冷めた目で見ていたり、うまくいっている人を「失敗しちゃえばいいのに」なんて喜べなかったりするのは残念なこと。相手ではなく、自分の心にわだかまりがあるのかもしれません。

「応援できる自分でありたい」「応援してもらえる自分でありたい」と思うことが、心の器を広げて、人との関係もさらりと心地いいものにしてくれるのです。

人の幸せを願うと、自分が幸せになります

39

相手が断りやすくして頼む

人に頼みごとをするとき、人を誘うときなど、「相手が断りにくい頼み方をする」というテクニックがありますが、私は逆なのではないかと思っています。

たとえば、残業を手伝ってもらいたいとき、断れない状況を固めたり、よいしょしたり、ニンジン（お礼や交換条件）をぶらさげて、「わかりました……」とYESを引き出せたとしても、相手にいくらか「押しつけられた」感は残ります。

これが何度も続くと、「面倒な人」と認定されて、避けられるようになるでしょう。

営業で契約がほしいときも、自分のペースでOKをもらうのは得策ではありません。無理なお願いでは、一瞬はうまくいっても、長期的な信頼関係が築けないのです。

ほんとうに頼み上手な人、誘い上手な人は、相手に〝逃げ道〟を用意してあげます。

私が長年、信頼関係を築いている人たちを、あらためて考えてみると、かならずといっていいほど、こんなふうに選択を委ねてくれます。

「〜をお願いしたいんだけど、無理はしないで」

「都合が合わなければ、またの機会に声かけるから」

「頼む」「誘う」というのは、自分の都合だとわかっているから、謙虚な姿勢なのです。だから、頼まれるほうも気がラク。やさしさや気遣いが感じられて、できることは快く応じるし、むずかしければ、「全部はできないけど、少しなら」とか「次回はぜひ」と、相手を思いやる言い方になります。

無理なYESではなく、「この人はつきあいやすい」という信頼を得るのです。

そして、頼んだり、頼まれたりしやすい関係ができてきます。断りやすくして頼む習慣は、相手を味方にして、自発的なサポートをもらえるようになるはずです。

大切なのは、いまだけのYESではなく、長く続く信頼関係です

40

身近な人の欠点に慣れる

「この人のこの欠点が、どうしてもイヤ」「なんか気になる」ということがあります。たとえば、職場の後輩のヘンな口グセだったり、上司の無責任さだったり、恋人のネガティブな性格だったり。指摘するほどではないけれど、そんな欠点に出くわすと、イラッとしたり、モヤッとしたりすることが、だれにもあるのではないでしょうか。

かつて、いつも怒鳴り散らしている上司のもとで働いていたことがありました。私は何か月経ってもビクビク、オドオド。他人が怒られていても泣きそうになるのに対して、ほぼ同時期に入った同僚は、まったく動じず。

「平然としていられるなんて強いね」と言うと、同僚はにっこりこう言ったのでした。

「強いんじゃなくて、慣れた」

なるほど、「慣れる」とは、ガマンすることでも、許すことでもなく、「気にしないこと」なのだと、深く納得したのです。

そうはいっても、「気になる」という人もいるでしょう。わかります。人間、いいことも、よくないことも慣れてきそうなものですが、「イヤだ」「許せない」という感情は心に積み重なって、ますますイヤになり、耐えきれなくなるのです。

だからこそ、意識的に「そこには目を向けない」と習慣づけることが大事。いいところに目を向けたり、「大したことじゃない」と自分に言い聞かせるのもいいでしょう。それを繰り返していると、だんだん気にならなくなってきます。

「慣れる」ということは、心が「そこは問題ない」と判断したということです。

相手の欠点は変わらない。ならば、こちらが慣れて対処するのが得策です。

相手の欠点に慣れると、相手を敵視しなくなります

41

小さな親切をちょこちょこする

「彼（彼女）は、ほんとうに親切な人だ」とみんなから称賛されている人は、決して大きな親切をどーんとしているわけではありません。

むしろ、すぐに忘れてしまいそうな、小さな親切をちょこちょこします。

そのほうが、お互いに心の負担がないと知っているからです。

それに、気合の入った親切をしても、喜びは1回、苦にならない親切をしても、1回。ならば、小さな親切を、ちょこちょこしたほうがいいでしょう？

親切上手な人は、「なにかできないかな？」と考えるクセのある人でもあります。

人がなにかを捜していたら、一緒に捜してあげる。両手が荷物でふさがっていたら、ドアを開けてあげる。残業をがんばっている人に、飲み物の差し入れをする。ただただ、愚痴を聞いてあげる……というように、自分のできることを、気楽にします。見知らぬ人にも、席を譲ったり、道をおしえてあげたりします。

人に親切をすると気分がいいものですが、脳のβ-エンドルフィンが出て、ランナーズハイならぬ、〝ヘルパーズハイ〟という状態になるといいます。だれかの役に立っていると感じたら、自分が元気になり、「また親切にしたい」と思うのです。

また、親切上手な人は、「自分がやりたくてやっている」「相手が喜んでくれればいい」という感覚なので、見返りがなくても気にしません。〝親切〟は伝染して助け合う関係ができていくものですが、たとえ、親切のお返しがなくても、自分の満足や誇り、相手からの感謝や尊敬、信頼など、目に見えない大切なものを得ているのです。

「一日一親切」を心がけると、幸せになって人間関係が潤うことは間違いありません。

小さな親切には、計りしれない恩恵があります

42

挨拶にひと言添える

挨拶にひと言添えるだけで、単なる礼儀が〝コミュニケーション〟になります。

自分から積極的に話しかけるのが苦手という人も、「あの人とはうまく話せない」というときも、挨拶にひと言添えることから始めてみるといいでしょう。

〝ひと言〟は天気や季節、感謝、ほめ言葉などあたりさわりのない話題のほうが自然。「おはようございます。だんだん涼しくなってきましたね」「いつも早いですね」「今日はいよいよ○○の日ですね」「昨日は土産をありがとうございました」「今日のシャツ、おしゃれですね」……というように、ちょっとしたことでいいのです。

挨拶は、だれもが使うお決まりのフレーズですが、〝ひと言〟は、「自分の言葉」。ひと言だけでも心がこもって、「あなたを大切にしています」という敬意や好意がちゃんと伝わります。そんな相手を嫌いになることはないでしょう。

「この人ともう少し近づきたい」と思うときは、〝ひと言〟を疑問形にするといいでしょう。「風邪はよくなりました?」「昨日の帰りは大丈夫でした?」「最近、お忙しいですか?」などたずねると、「大変でしたけど、もう大丈夫です」「それはよかった。体には気をつけて」といった具合に、少し突っ込んだ会話になります。

ビジネスメールでも、お決まりの「いつもお世話になっています」のあとにひと言あると、うれしいもの。長いつきあいの、ある編集者さんは「いつもお世話に……」を省いて、「今日の東京は、やさしい雨が降っています。さて、○○の件ですが……」など、天気のひと言から本題に入るのが常。天気の表現だけでも、ボキャブラリーが豊富で感心するのですが、そんなメールには、ほっこりした気分になります。

自分で紡ぐひと言があるのとないのとでは、印象が大きくちがうのです。

挨拶は、自分を表現する大切なコミュニケーションの機会です

43

「ありがとう」にひと言添える

「ありがとう」という感謝の言葉は、だれから言われても嬉しいものですが、さらに〝ひと言〟あると、その効果は倍増します。

私の講演を聞きにきてくれた人に道でばったり会ったとき、こんなふうに言われたことがありました。

「先日は、講演をありがとうございました。あのときに聞いたコミュニケーションの方法を実践してみたら、夫婦仲がよくなったんですよ」

「ありがとう」だけでも嬉しいのに、そんなに役に立ったのか！　と、なんともいえない幸せな気分になり、またがんばろうと思えてきました。

〝ひと言〟をつけ加えるときに注意したほうがいいのは、「あなた」を主語にした〝感想〟ではなく、「私」を主語にした〝感動〟や〝影響〟を伝えること。

「ありがとう。仕事が速いね」「気が利きますすね」など嬉しいひと言ではありますが、「あなた」を主語にすると、相手を批評、評価する印象になり、人によっては〝上から目線〟に感じて、それが続くと心地悪くなってしまうかもしれません。

「ありがとう。ほんとうに嬉しかった」「手伝ってもらえたおかげで、早く帰れたよ」など、「私」を主語にしたひと言は、自分の気持ちを素直に表現した印象になります。

とくに目上の人から「どれだけ役に立ったか」を教えてもらえると嬉しいものです。

また、「お土産、社内のみんなが美味しいと喜んでいました」「○○さんのおかげで、みんなが助かりました」など、〝みんな〟を代表したひと言もいいでしょう。

慣れないうちは、「ありがとうございます。おかげで〜」で始めると、ひと言が添えやすくなります。「ありがとう」は言っても言い過ぎる言葉ではないので、どんどん使って慣れていきましょう。

感謝の言葉は、相手に対する〝最上級の肯定〟です

44

正しいことを言うときほど控えめに

正しい（と自分が思っている）こと、つまり正論を言うとき、ついキツい口調になったり、相手を追い詰めるような言い方をしたりする人がいます。

いいえ、人は往々にしてそうなりがちなのです。

なぜなら、相手の非に対して、「正しいこと」はぜったいに負けるはずがないから。

「それって、どう考えてもおかしいでしょう」「社会人として、あたりまえのことですよね」「どうして、そんなこともわからないんですか？」というように、だれもが認める〝正論〟を言うときは、かならず相手よりも高い目線になっています。

相手を正してあげよう、なんとかわかってほしいと正義感で言っている場合もありますが、日ごろのうっぷんを晴らすかのように激しい口調になってしまうのは、自分がなんとしても優位に立ちたいからかもしれません。

相手は自分がよくないとわかっていても、正論という武器で責められると、プライドを傷つけられ、逃げ場をなくし、最後には逆ギレしてしまいます。

正しいと思うことを意見したり、間違いを指摘したりするのがいけないのではなく、〝言い方〟に気をつける必要があるのです。正しいと思うことほど、あえて〝下から目線〟の感覚で控えめに言ったほうが、相手は素直に聞けるはずです。

完ぺきな人なんていません。私もときどき、ミスや間違いを犯します。「それ、間違ってますよ」とさらりと言ってくれる人、「私の勘違いかもしれませんけど、〜じゃないかな」などと控えめに言ってくれる人には救われます。

正しいことを言うときは、相手を傷つけやすいものだとわかっておきましょう。

賢い人は、「正しさ」よりも「やさしさ」を選ぶのです。

〝正論〟で対抗されると、高い場所から見下ろされた気分になります

45

自信のあることほど自己アピールしない

ビジネスパーソンでも芸術家でもスポーツ選手でも、いわゆる「本物」「一流」と呼ばれている人たちは、ほとんど自慢話をしません。つねに謙虚な姿勢です。

すでに認められているから自己アピールをする必要がないということもありますが、おそらく、彼らは無名であったときから、同じスタンスだったはずです。無意識なのか、意識的なのか、謙虚であることが、人から応援されて、自分も成長できることだとわかっているのです。

失礼ながら、二流、三流とも呼べない人にかぎって、「自分は〜の実績がありますから」「かなり努力をしましたからね」などと自己アピールをします。

ほんとうは自信がないから、自分は、自分は、とアピールをするのかもしれません。

職場でも、自信のあること、うまくいったことを「自分はすごいのだ」とばかりに自慢したり、上から目線の言い方になったりする人がいます。

「自分のことを認めてほしい」とアピールしたくなる気持ちはわからなくありません。ですが、相手のことを考えず、得意げになってしゃべると、うまくいっていない人は、「ふーん、よかったね」と冷めた目になりがち。「いい気になっている」と妬ましく思う可能性もあります。そうして、周囲の協力が得られなくなって、足を引っ張られたり、ミスをしたら嫌味を言われたりするようになってしまいます。

自信のあることほど「まだまだ」と思いましょう。

人に対抗するのではなく、自分自身に挑戦していきましょう。

どんな人からも学ぶ姿勢、感謝する姿勢を持ち続けましょう。

謙虚さは、愛されるスキルであり、なりたい自分になるための原動力なのです。


自信と謙虚さは裏表。謙虚さを忘れずにいると、自信が積み重なります

46

「尊敬できる人とつきあう」か「つきあう人の尊敬できる点を見つける」

人生を豊かにするために有効な方法のひとつは、尊敬できる友人をもつことです。

「尊敬」とは、「収入が多い」「地位がある」「優秀なキャリアがある」といったことではありません。ひとつでも「なんかすごい」と思えることがあればいいのです。

尊敬できるポイントは人それぞれですが、私にとっては、「考え方がシンプル」「とにかくやさしい」といった考え方や行動だったり、「時間の使い方が上手」「人生の楽しみ方が上手」といった生き方のスキルだったりします。

そんな尊敬する人たちとつきあっていると、まるで教科書を開くように「こんなとき、あの人ならどう考える？」「どう振る舞う？」と、彼らの思考で考えられるのです。

また、尊敬する人のアドバイスは素直に聞ける、建設的な意見交換ができる、存在だけで元気をもらえるなど、計り知れない恩恵があります。相手にとっても自分が魅力的でなければ、つきあいは続かないので「なにか役立つ人でありたい」と思います。

仕事や地域の人間関係など、つきあう人を選べないこともあります。

そんなときも相手に「尊敬できる点」をひとつ見つけると、関係はうまくいくようになります。機械に強い、英語ができる、ポジティブ、ユーモアのセンスがある、記憶力がすごいなど、「自分よりできる点」は、どんな人にもあるものです。

夫婦や恋人関係でも、〝好き〟より〝尊敬〟があるほうが長続きします。

〝好き〟は冷めたり、裏切られたりすることがありますが、〝尊敬〟は客観的な判断なので、人間対人間の関係を築くことができます。

〝尊敬〟の気持ちがあれば、相手への態度もやわらかく、丁寧に変わってきます。

〝尊敬〟は、〝好き〟よりも安定した、持続的な人間関係をつくるのです。

〝尊敬〟は毎日の生活に心地いい刺激を与えてくれます

CHAPTER 4

感情の整理ができて、上機嫌で過ごせる習慣

47

イライラしたら、自分を他人のように見つめる

イライラしたくないのに、イライラしてしまう……ということがあります。

私たちは、心のなかに〝感情〟という馬を飼っているようなものなのです。

この馬はとても怖がりで、「そんなのヤダー！」ということがあると、急に暴走したり、前に進まなくなったりして、私たちを振り回すようになります。

もともとは人一倍、感情的な私が、ご機嫌に過ごすためにしていることは、〝もう一人の自分〟を出現させて、感情という馬の御者になることです。

「あ、イライラしてる」と気づいて、「イライラしてもいいことないよ」「そんなに大したことじゃないよ」と声をかけてあげるのです。

たったそれだけのことで肩の力が抜けて、イライラやクヨクヨが静まってきます。

多くの人は自分の心の状態をわかっていそうで、客観視できていないのではないでしょうか。

主観的な感情のままでは、いつまでも眉間にシワをよせて過ごすことになります。

自分を客観視することを、心理学では「メタ認知」と呼び、感情をコントロールする鍵といわれます。この習慣ができると、とてもラクに生きられるようになります。

人生でつまずいたときは「なかなかドラマティックな展開だわ」と楽観的に考える。家族とケンカになりそうなときは「余計な言葉はやめようね」と冷静に判断する。ストレスが溜まってきたときは「そろそろ気分転換しようよ」と早めに自分をケアする……という具合。「メタ認知」は、スポーツと同じで、やればやるほど上達します。

つまり、〝もう一人の自分〟で見るほど、生き方がうまくなってくるのです。

〝もう一人の自分〟をもつだけで、心をラクにする効果があります

48

「言葉」の力を味方につける

残業をしているとき、だれかが「今日は早く帰れると思っていたのに最悪」「残業ってほんと疲れる！」なんて言っていると、こちらまで滅入《めい》ってきます。

「これだけ働いたら、自分で自分を褒めたくなるね」「あと少しで終わるから、がんばろうよ」と明るく言っている人がいると、こちらまで力がわいてきます。

言葉は、まわりに影響を与えるだけでなく、なにより自分自身に影響を与えます。

昔から「言霊《ことだま》」と言われるように、言葉ほど強烈な暗示力をもつものはありません。

いい言葉を選んで使えば、明るい気持ちになって、いいことが起こりやすくなります。

喜びや感謝の言葉が多い人は、顔つきまで明るく、「微笑み顔」になっていきます。

怒り、悲しみ、不安などを遠慮なく口にしている人は、負の呪文を唱えているようなもの。自分の心と体を傷つけていることに気がつかないのでしょう。不平不満の多い人はだんだん「不満顔」に、落ち込むことの多い人は「泣き顔」になっていきます。

人生の旅路をご機嫌に進んでいこうとする人は、どんな現実であろうと、プラスの言葉を使うことで、プラスのことに目を向けようとする習慣があります。

うまくいかない現実にも、かならずプラスのことが隠れています。

あたりまえの現実にも、小さな幸せがたくさんあります。

それを言葉にすることで、気持ちや感情が変わり、人生が明るく変わるのです。

試しに、つぎの7つの言葉を日常でできるだけたくさん使ってみてください。

「嬉しい」「楽しい」「幸せ」「素敵」「ツイてる」「よくできた」「ありがとう」

ほかにも自分を喜ばせる言葉を惜しみなく自分自身につぶやいてください。

現実を変えることは難しくても、言葉を変えることはカンタンでしょう？

プラスの言葉は心と体を元気にしてくれます

49

行きたくない誘いは断る

「誘いを断るのが苦手」という人は多いのではないでしょうか。

私もそうでした。会社の飲み会や、友人からのイベントの誘い、ビジネスランチ会など、つい「ＯＫ」と言ってしまったもののずっと気が重い。当日も憂鬱な足取りで向かう……なんてことがありました。

「断ると相手に悪いから」「せっかく誘ってくれたから」と相手の気持ちに応えようとして、自分自身を苦しめてしまうのです。

私が断れるようになったのは「自分の心地いいこと」をいちばんに考えるようになったから。そして「断っても、ほとんど問題がない」ということがわかったからです。

断るときは一瞬、少しの勇気がいりますが、あとは気がラクです。

「自分がいないと相手ががっかりする」と考えるのは、少し傲慢な考え方かもしれません。相手は、それはそれで楽しく過ごす力があるのです。

人間関係が壊れることもありません。むしろ正直でいるほうが、つきあいもラク。断るくらいで関係にヒビが入るなら、さほど重要な関係ではないのでしょう。

行きたくないこと、やりたくないことに「NO」と言う習慣ができると、人生が劇的にラクになります。ほんとうは、あれこれ理由をつけず、「したくないから」という理由でじゅうぶんなのです。

自分には自分の都合があり、相手には相手の都合があります。「声をかけてくれてありがとう」と丁寧に「NO」を言う。相手を誘うときも、プレッシャーを与えず、無理をさせない。断られても気にしない……そんな心地いい関係になりたいものです。

「NO」を言うことで心地いい時間と、心地いい関係が生まれます

50

「ま、いっか」で肩の荷を降ろす

腹が立つこと、不安なこと、後悔することなど、受け入れがたいことに突き当たったとき、気をラクにしてくれる言葉があります。

それは、「ま、いっか」。

友人夫婦はお互い頑固で、「それは違うでしょう！」「あなたは間違っている！」と意見がいつも平行線。ケンカが絶えなかったといいますが、妻が「ま、いっか。それよりせっかくの休日だから、楽しく過ごしましょうよ」などと気持ちを切り替えることで、夫も「それもそうだね」と態度が軟化してきたとか。

相手のために「許す」というより、「ま、いっか」で自分がラクになるのです。「気に入らないところもあるけれど、それはそれとして、進みましょう」という意味です。

「正しい、間違っている」を口に出し始めたら、イライラしたり、相手を攻撃したりして戦闘態勢になっている証拠。性格が悪くなって、ロクなことはありません。

「こうじゃないと！」と決めつけているから、納得できないのです。

「ま、いっか」は、そんな〝執着心〟から、心を自由にしてくれる言葉です。

イヤなことを我慢する、問題を避けて事なかれ主義になる、というのではありません。「他人のこと」や「過去のこと」など、どうしようもないことを考えても、自分を傷つけるだけ。「ま、いっか」と言えたら、自分もまわりも肩の荷を降ろせるのです。

自分の過ちを責めてしまうときは「ま、いっか。そのときはそうしたかったから」。

同僚にイライラする人がいるときは「ま、いっか。そんな人だからしょうがない」。

人生で深刻になることは、それほど多くありません。

どんなことが起きても、「ま、いっか」で楽観的に進みましょう。

「許せないこと」に執着していると、人生の時間を無駄にしてしまいます

51

悩みは「どうして？」ではなく、「どうしたら？」で考える

私たちは、なにか悩みごとがあると、「どうして？」と考えてしまいがちです。

たとえば、仕事でミスをしたとき、「どうして私はこうなの？」「どうして上司は私にキツい言い方をするの？」「どうしてこの仕事を選んじゃったんだろう」などとあれこれ悩みが膨らんで、夜も眠れなくなるかもしれません。

そんなふうにクヨクヨしているときは、「問題」と「感情」をごっちゃにしているとき。どちらも同じくらい大切なテーマですが、まずは「問題」を解決することから始めてみましょう。

問題を解決するには「どうして？」ではなく、「どうしたら？」と考えることです。

「どうして？」と理由を考えるのは、今後の改善のために必要な場合もありますが、

簡単に答えが出ないようなことを考えても、自分で自分を悩ませ、苦しめるだけ。

そもそも、本当の答えなんて、だれにもわかりませんから。

これからうまくいくために、「いま、自分になにができるのか？」だけをシンプルに考えてみてください。

仕事でミスをしたのなら「ミス防止のために、2回チェックする」「時間に余裕をもつ」、失恋をしたなら「積極的に婚活、恋活をする」「しばらくは習い事に没頭する」というように。

「放っておく」「いまは棚上げする」というなにもしない解決策もあるでしょう。

自分なりの「小さな解決策」を見つけて動いていると、心のなかのクヨクヨは薄らいでいくはず。「どうして？」で止まってしまうから、悩みは大きくなるのです。「では、どうしましょう？」と前を向く習慣で、クヨクヨを追い出してしまいましょう。


悩みがあったら、「小さな解決策」を見つけて動きましょう

52

どうにもならないことは「これでいいのだ！」

悩み事があったときの「感情」をどうするか？　について考えてみましょう。

これは古今東西の人間が取り組んできた深いテーマであり、簡単に解決できるわけではありませんが、仏教の古典的な教えに、ひとつのヒントを見ることができます。

ブッダに、ある学生が「安心に満ちた人生を送るには？」と質問したところ、ブッダは、三つの時間軸を取り上げてつぎのように答えたそうです。

過去のことは「後悔しない」、未来のことは「不安がらない」、現在のことは「執着しない」……。つまり、後悔、不安、執着を手放せと。

「そんな聖人になれないから苦労するのだ！」とお思いの人もいるでしょう。

そのとおり。私も人間なので、悩みは出てきますが、この教えをヒントに心がけてきた習慣があります。つぎのようにつぶやくことで、ずいぶんラクになったのです。

・過去の後悔に対しては……↓「あれはあれでよかった」。
・未来の不安に対しては……↓「あとはなるようになる」。
・現在の執着に対しては……↓「これでいいのだ！」。

まず、「あんなこと、しなければよかった」などと後悔しても、過去は変えられません。さまざまな事情があったのですから、「あれはあれでよかった」のです。

つぎに、「将来、こうなったらどうしよう」と不安がっても、先のことはだれにもわかりません。できる手を打ったら、「あとはなるようになる」です。

最後に、「これが欲しい」「これは叶えたい」という執着は生きる力にもなりますが、どうにもならないことに執着しても無駄。バカボンのパパの口調で「これでいいのだ！」と自分に声をかけてあげてください。

「どうにもならないこと」は手放し、「どうにかなること」に注力しましょう

53

泣きたいときは泣く

大人だって、泣きたいときは泣いてもいいのです。

私たち大人は、泣くことは恥ずかしいことで、つねに明るく元気にしていなきゃと思いがちです。感情を出してしまうと、自分が壊れてしまいそうで、悲しみや苦しみ、悔しさなどを感じないようにして、自分を保とうとしているかもしれません。

「悲しいことがあった。けどガマン」「イヤなことされた。けどガマン」「しんどくてたまらない。けどガマン」……というように。

でも、「泣いちゃいけない」と感情をムリに押し込んでしまうと、消化しきれないまま残った感情がどこかで噴き出してしまいます。

ある友人は、仕事と父親の介護を、いつもにこにこ笑顔でやっていましたが、父親がお皿を落とした拍子に、泣きながら怒鳴ってしまったとか。笑顔の奥には、辛い気持ちがくすぶっていたのでしょう。

泣くということは、重荷を背負ってきた自分の苦しみを解放してあげることです。トイレやお風呂などひとりのときでもいいし、甘えられる家族や友人と一緒のときでもいい。涙腺が崩壊する映画やドラマに便乗するのもいいでしょう。

「よくがんばった」と自分を労《ねぎら》いながら、スッキリするまで泣きましょう。

そして、そのあとは普通に過ごすのです。悲しみはいくらか残っているかもしれませんが、心にしまって忙しくしているうちに、だんだん癒えてきます。

泣くことは、笑うことよりも、リラックスして、幸福物質セロトニンが分泌されるといいます。涙は、心を洗い流してくれるのです。「感情を開く」と「感情をしまう」をバランスよくやって、日常の自然な笑顔を取り戻しましょう。

泣くことは、心と体を元気にする力があります

54

布団のなかでは、いいことだけを考える

昼間にどんなイヤな出来事があっても、夜、布団に入るときは、まずはつぎの言葉を呪文のようにつぶやいて、負の感情をパッパッと払いませんか？

「今日も1日、ありがとうございました」

「眠る」ということを、軽視してはいけません。

人間には約37兆個の細胞があり、骨も皮膚も血液も内臓も、日々少しずつ入れ替わっているといわれます。古い細胞から新しい細胞へのリニューアルが行われるのは、とくに深い眠りのとき。よくないことを考えていると、おだやかに眠ることを阻害されてしまいます。睡眠不足やストレスは、新陳代謝や免疫を低下させるのです。

寝る直前に「なにを考えているか」が重要なのは、健康の側面だけではありません。

この時間に考えたことは、いいことであれ、そうでないことであれ、眠っている間、〝無意識〟のなかに刻み込まれて、考え続けています。

日頃の行動の97％は無意識から生まれているといいますから、「あなたはこんな人だよ」「こうなるよ」と自分に暗示をかけているようなものです。

しかし、これを逆に利用すると、簡単にプラスの暗示をかけることもできます。

私は「こうなったらいいいな」という幸せなことだけをイメージする。自分の気持ちがわからないときは、「ほんとのところ、どうしたいの？」と問いかけながら眠りにつく……という習慣を実践してから、不思議なほど目的が実現するようになりました。

だまされたと思ってやってみてください。1週間ほど続けると、自然に考え方が明るくなり、行動が積極的になっていることに気づくはずですから。


眠る前の「ゴールデンタイム」に考えたことが、思考になり行動になります

55

感情が高ぶったら、3分待つ

感情のままに言葉を発すると、かならずといっていいほど後悔しませんか？

ついカーッとなって怒りをぶつけてみたものの、スッキリしたように感じるのは、ほんの一瞬。イヤ～な空気になって、「言い過ぎたかな」「ひどいこと言ってしまった」といった自責の念と、恥ずかしさで押しつぶされそうになります。思いの丈を感情的にぶつけても、わかり合えず、余計、泥沼になってしまうでしょう。

この章の冒頭で書いたように、感情的になっているときは、心のなかの暴れ馬が暴走している状態。心に余裕がなくて、冷静な判断ができなくなっているのです。

感情的になるのがいけないのではありません。怒ってもいいし、悲しんでもいい。そんな気持ちになったのだから、しょうがありません。

ただ、感情的に〝振る舞う〟と、ロクなことがないということです。

瞬発的な感情は、長くは続きません。暴れ馬が走り出すようにカーッとなったら、心で静かに「1、2、3……」と10まで数えましょう。その場を離れて、深呼吸したり、空を眺めたり、歩き回ったりしているうちに、だんだん落ち着いてきます。3分もすれば、「あ〜、余計なことを言わなくてよかった」とほっとするはずです。

私も先日、友人からのメールに「ひどい！」とカーッとなり、怒りにまかせて相手を責める返事をダダーッと書いて、送信ボタンを押しそうになったことがあります。でも、「ちょっと待てよ」と思いとどまり、翌朝そのメールを読み返してみると、「送らなくてよかった〜。大事な友人を失うところだった」と心から安堵したのです。

感情が高ぶっているときはなにもしないのが賢明。自分とまわりの人を守るために。

感情のままに振る舞うと、築いてきた信頼を台なしにしてしまいます

56

悲しみにも「ありがとう」を見つける

私たちは、喜び、楽しさ、幸せといったポジティブな感情は「いい感情」であり、怒り、悲しみ、苦しみ、寂しさといったネガティブな感情は「悪い感情」だと考えがちです。できることなら、「いい感情」だけで生きていきたいと思うでしょう。

でも、怒りや悲しみの感情も、喜びや楽しさと同じくらい、大切な感情なのです。感情は、いつも私たちが生きていくためのメッセージを送ってくれています。

マイナスの感情のなかでも、とくに「悲しみ」という感情は、残酷に心をえぐり、しかもなかなか消えてくれません。

肉親や大事な人との別れ、事故や災難、ペットロス、失恋、失業、裏切り、大金の損失……。思い出す度に、涙があふれそうになることもあるでしょう。

そんなときは、思いっきり悲しんで、静かに「ありがとう」と感謝するのです。

「悲しみ」の感情は、なにか大切なものをなくしたときに、あふれ出てくるもの。

つまり、悲しみの前に、私たちはかけがえのない〝宝物〟をもっていて、喜びや楽しみや、偉大なエネルギーを与えてくれていたことに気づきます。

あたりまえになっていた日常ほど、失ったときの悲しみは大きいかもしれません。

そんな悲しみに抗うのではなく、がんばって立ち直るのではなく、「ありがとう」と受け入れることで、また進むことができます。大きな悲しみは心の片隅に残りますが、それは心の奥にそっとしまって歩いていきましょう。

かならず時がやさしく癒やしてくれます。

人や日常があたたかく包み込んでくれます。

いま目の前にあるあたりまえに「ありがとう」と気づき、感謝できるようになるのも、悲しみのおかげなのです。


悲しみはコントロールする感情ではなく、寄り添う感情です

57

不運な目に遭ったら、「この程度でよかった」と考える

友人が交通事故に遭って、足を複雑骨折したときのことです。

心配して病院にお見舞いに行くと、友人は元気そうな顔で、「この程度で済んでよかった。打ちどころが悪かったら、いまごろ生きていなかったからね。それより入院したおかげで素敵な出逢いがあってね……」と、楽しそうに話すのです。心配して損した。あっぱれ。

もちろん、痛みや不自由なこともあるでしょうが、「これで済んでよかった」と考えるポジティブさが、幸運を引き寄せていると思ったのです。

これが「大変な目に遭ってしまった」と考えると、「どうしてこんな目に遭うのか」「あの道を通らなければよかった」「自分は本当にツイてない」とクヨクヨして、さらによくないことを引き寄せてしまいます。

いいことがあったときには、だれでもご機嫌に過ごせますが、不運に見舞われたときに、その人の真価が問われるものです。「これで済んでよかった」と言う人は、すぐに気持ちを切り替えて、ぐんぐん前に進んでいく人です。

私のまわりでは、ほかにもそんなたくましい人たちがいました。

旅先で財布をスラれたとき、「これで済んでよかった。命まで取られなくて」。

飛行機が大幅に遅れたとき、「遅れで済んでよかった。欠航なら帰れなかった」。

株で大損をしたとき、「この程度で済んでよかった。これからは慎重に考えよう」。

楽観的というより、不運のなかでも、幸運を見つけるのが上手なのです。

ものごとの意味づけは、自分でつくり出していることに気づけば、どんな不運がやってきても、くぐり抜けていけるのではないでしょうか。

「よかったのか」「よくなかったのか」を決めているのは自分自身です

58

やさしく、おだやかに話す

感情を素直に出すことは、自然体でわかりやすいと思われることもありますが、怒りや嫉妬など激しい感情のままに振る舞うのは、大人の行為とはいえません。

荒っぽく、キツい言葉を使っていると、さらにイライラが増してくるはず。

そんな話し方の人は、トラブルが起こりやすく、人が離れていくでしょう。

やさしく、おだやかに話す習慣がある人は、それがおだやかな感情を生み出して、平和な人間関係をつくってくれると無意識にわかっているのです。

たとえば、なにかのショップで商品説明をお願いしたとき、「ちょっと感じが悪い店員さんだなぁ」と思ったとしても、こちらが努めておだやかに話していると、相手もだんだんおだやかになって、最後は笑顔まで出てくることがあります。

感情をいますぐ変えることは難しくても、話し方を変えることは比較的カンタン。

普段からやさしく、おだやかに話していると、1日を気分よく過ごせます。
これは、アンガーマネジメントとして、たいへん有効な方法なのです。

おだやかな話し方の人は、同性にも異性にもモテますが、安心感があるからでしょう。「やさしく、おだやかに話す3つのポイント」は、
1 ゆっくり丁寧な言葉で話す（とくに語尾を丁寧に）。
2 声のトーン、音量を上げ過ぎない。
3「ぜったい」「いつも」「かならず」など断定しない。
「それはぜったいダメ」と言うのを、「それじゃないほうがいいかな」とふんわり言い換えるだけでも、ずいぶん印象が変わります。おだやかな雰囲気のある素敵なタレントさんや知人などをマネてみるのも、習慣づけるコツかもしれません。

おだやかに話すと、周囲にもおだやかな人が増えていきます

59

幸せにしたい人を見つける

人のためにあれこれ動き回ったり、時間を割いて手伝ったりして、「自分が好きでやっていることだから」と思っていても、相手にまったく感謝の気持ちがなかったり、手柄を独り占めにされたりすると、どうでしょう。なんとなく虚《むな》しくなって「ありがとうのひと言ぐらいあってもいいのではないか」などと思ってしまうのが人間です。

神のような「無償の愛」を与えられたらいいのでしょうが、相手になんらかの見返りを「期待する」から、イライラ、モヤモヤしてしまうのです。

イライラ、モヤモヤしなくて済むためには、「～してあげたのに」と思うくらいなら、やらなければいいのです。「感謝も、見返りもなくてもまったく結構。自分がやりたいから」と、〝自己満足〟で完結できる範囲でやればいいでしょう。

気持ちよくなにかをするためには、「幸せにしがいのある人」を見つけるのも、ひとつの方法かもしれません。人は「役に立っている！」「喜んでもらえた！」と相手が幸せになっている実感があれば、幸せにしがいがあるのです。

だれにでも同じように尽くすことは、感情をもっている人間には難しいことです。「幸せにしたい人を幸せにする」でいいのではないでしょうか。

自分がやったことを心から喜んでくれる人は、幸せにしがいがあります。

家族や恋人、友人など、愛情や好意がある人も、幸せにしがいがあります。

困っている見知らぬ人を手助けするのも、幸せにしがいがあります。

そんな限られた人を「幸せにしたい」でいいし、それしかできないと思うのです。

そう考えると、自分も「幸せにしがいのある人」であることが重要だと思えてきます。相手の気持ちに感謝し、喜びを表現し、恩を忘れない人でありたいものです。

だれかが幸せになってくれることが、人間の本質的な幸せです

60

1日1回、「ひとり時間」をもつ

人は、ひとりになる時間をもたないと、自分ならではの考え方ができなくなります。だれかと一緒にいる以上、どんなに愛する家族であっても、気心の知れた友人や同僚であっても、「ここではこうしたほうがいい」とだれかの影響を受け続けています。

ひとりの時間は、自分を解放して、本来の自分を取り戻す時間なのです。

「いつもだれかがいて、ひとりになる時間がない」と言う人ほど、1日1回、10分でも15分でも、「ひとり時間」をもつことが大事。それがないと、自分が求めていることと現実のズレがでてきて、無意識にイライラするようになってきます。

「ひとり時間」には、ルールはありません。なんの気兼ねもなく、好きなことを考え、好きなことをしていい時間。あらたまって時間がとれない人は、お風呂時間、通勤時間、散歩や筋トレをしている時間などを、「ひとり時間」にしてもいいでしょう。

なにかをしていても、ひとりだと頭はなにかしらぐるぐる考え続けていて、自然に「ひとり会議」を開いているはずです。今日あったことを「あれでよかったのかなぁ」と振り返ったり、明日やることをあれこれ考えたり、ふとだれかのことを心配したり。

頭のなかを整理しながら、自分が満足して、幸せになる道を模索しています。

私はよく「ほんとうのところ、どうしたいの？」と自分に問いかけます。「新しい仕事を引き受けるかどうか」「つぎの連休はなにをしたいのか」「あの人に会いたいのかどうか」というように。すぐには答えがでなくても、あるとき「そうだ！私はこうしたいのだ」という納得する答えが天から舞い降りてくるのです。

自分のことはわかっていそうで、いちばんわかっていないのかもしれません。「ひとり時間」で自分を取り戻したら、人と一緒の時間も大切に思えてくるはずです。

「ひとり時間」には、〝ひらめき〟や〝気づき〟があります

61

辛いときこそ「ユーモア」を見つける

「人間のみがこの世で苦しんでいるので、笑いを発明せざるを得なかった」

そんなニーチェの言葉がありますが、辛いとき、怒りを感じるとき、落ち込んだとき、緊張しているときなど、負の感情に支配されているときほど、面白いことを見つけるようにすると、気持ちがラクになってきます。

職場でだれもがピリピリしているとき、ちょっと笑えるひと言で場が和むことがあるでしょう。家族と険悪なムードになったときも、おかしいことを言って笑い合えば、衝突していたことさえ忘れてしまいます。

腹が立ったとき、面倒なことが起きたとき、イヤなことを言われたとき、なんかイヤな気持ちになったときなど、自分のなかで笑いに変えようとすると、コメディ映画のひとコマのような感覚になります。ほとんどのことは、笑い飛ばせてしまうのです。

ユーモアがあれば、客観的に、広い視点から、ものごとを見られるようになります。


なにも大笑いでなくても、クスッと笑えることを見つけるだけでいいのです。

オーバーなリアクションをしたり、おどけた口調にしたりする。

辛い状況や、苦手な人を「まるで○○のようだ」「○○に似ている」と例えてみる。

理不尽なことを言われたとき、心のなかで漫才のようなツッコミを入れてみる。失敗、失恋などを、自虐ネタにする。「もし、~だったら」と架空の面白い話を考える……

というように、自由に、気軽に面白いことを考えてみましょう。

自分ひとりでも、人に対しても、ユーモアを見つけることが、たくましく生きていくヒケツだと思うのです。


笑いは、たくましく、さわやかに生きるエネルギー源です

CHAPTER 5

ゴールを設定して道のりを考える、段取り上手な人の習慣

62

10年後の「こうなったら最高！」な自分を妄想する

その人が「どんな人生を送るか？」は、才能や資質がある、チャンスがあるということより、「どんな未来を想像しているか？」という習慣の違いではないかと思うのです。たとえば、小説家デビューを目指している人でも、「どうしてもあの賞がとりたい」と、そうなることを信じている人と「とりあえず一冊、自分の本が出せたらいい」と考えている人では、日々の取り組み方も、小説の質も違ってくるでしょう。

「お金持ちになりたい」と想像している人は、日々ビジネスのことを考えて動いているでしょうし、「田舎暮らしがしたい」と考えている人は、それに合う服装や生活スタイルになるでしょう。頭に描いていることは、自然に現実になっていきます。

もし、想像したことが叶わないのなら、心にブロックがかかっているのかもしれません。「自分のお店がもちたい。でもお金がないし……」「素敵な結婚がしたい。でも、私なんか……」というように、「むずかしいこと」として考えているのです。

これでは、アクセルを踏みながら、同時にブレーキも踏んでいるようなものです。

夢や目標を現実にしてきた人は、それほどむずかしいこととは考えず、「やることをやっていれば、普通にそうなる」と信じています。つまり、アクセルだけを踏んで、ブレーキには触れていないので、力を抜いて進むだけなのです。

人生を10年単位で考えると、かなり遠いところまで行けるはずです。

まずは今すぐ、「こうなったら最高！」という10年後のイメージを映画のワンシーンのように〝妄想〟してください。そして、1日に何度も思い出してください。

描くイメージがリアルであるほど、それに向かって現実も大きく動き出します。

イメージする力は、「いまの自分」をつくり、「人生」をつくっていくのです。

大人は実現不可能なことは想像しないので、信じたもの勝ちです

63

簡単にできることから始める

目標は設定した。でも、なかなか始められない……というとき、「私ってダメだなぁ。なんて意思の力が弱いのだろう」などと思ってしまいませんか？

しかし、「意思が強ければ、なんでもできるはず」と、〝意思〟の問題にしてしまうのは、少し危険な気がします。前項で書いたように、私たちは「これはちょっとむずかしい」と思うことには、気が重くなってしまうのです。

うまくいく人、目標までたどり着ける人は、無意識、意識的にかかわらず、そのことを知っているので、なんでも簡単なことから始めます。がんばって「力を入れる」のではなく、簡単に「力を働かせる」方法を、実践しているのです。

なかなか始められないという人は、自分にこんな声をかけてください。

「ほんのちょっとだけやってみない?」

そして、簡単にできることを5分だけやってみるのです。「資格試験の問題集を1ページだけやる」「メールを送る」でも、なんでもいい。5分で終了しても十分ですが、ほとんどは「もう少しだけやってみようかな」という気分になってきます。

なぜなら「小さな達成をする」というのは、たいへん気分がいいことですから。

食器洗いだけはしておこうと重い腰を上げ、気が付けば食器棚も片づけていたという経験はだれでもあるでしょう。「なんてことはなかった」と思うと同時に、やり始めると、あとは気分がノッてくるのです。

最小限の意思の力で、最大限のことをしようと思ったら、最初のハードルを「今すぐできる簡単なこと」に設定すること。

軽く始めて、自信とやる気を引き出してあげましょう。

一歩踏み出したら、半分終わったようなものです

64

6〜7割できれば上出来とする

「いい加減にする」「完ぺきにする」……人はどちらの側面ももっているものですが、完ぺきを目指す傾向が強いと、しんどい毎日を送ることになります。

私も元々はそんな傾向があるので、よくわかります。たとえば、今日やろうと思っていた仕事が8割しかできなかったとき、「どうしてできないの!」と鬼上司のように自分を責めてしまう。日課にしようと決めたことを数日休んでしまったとき、「あーあ、もうダメね」と途端に意欲をなくして、投げ出してしまうのです。

このような〝完ぺき主義〟は、「100点をとってこそ価値がある」「がんばればできるはずだ」と思い込んでいる人に多いかもしれません。

こだわりの強い性質が、能力を発揮したり、成長したりすることに使われればいいのですが、いつも完ぺきにやろうとすると、落ち込みやすくなるのは当然です。

本来、楽しいはずの仕事や家事や子育てを、完ぺきさを求めてむずかしい顔でやっている人は多いようです。

私は自分に厳しくし過ぎて病気になってしまった経験があるので、それからは、いい（良い）加減であることをよしとするようになりました。

「6〜7割もできれば上出来」「キホン、0点じゃなければいい」

大抵のことは、それでなんとかなります。「うまくいくときも、そうでないときもある」と思っていれば、失敗してもまた続けることができます。

「笑顔でやれるか？」は、がんばり過ぎをチェックするポイントです。

そもそも100点の基準を設定しているのは、自分自身。

それに「できた、できない」と一喜一憂しているなんて、バカげたことです。

適当なくらいが、始めやすく、続けやすいものです

65

計画を立て過ぎず、「なりゆき」を楽しむ

私は旅をするとき、大まかな目的地だけを決めて、あとは「なりゆき」に任せます。1日のスケジュールをきっちり決め込み、それをタスクのように実行するのは、たいへん疲れます。それより、歩いていて「この店、素敵！」と入ったり、そこで偶然、出逢った人と話したりしたほうが、断然、面白い。「いいところがあるけど行ってみる？」と言われたら、それにのっかって、ルートを変えてしまってもいいのです。

人生もそれと同じで、計画を立て過ぎず、なりゆき任せのほうが、幸運が舞い込んでくるものです。そもそも人生なんて、自分の思い通りにいかないことが多いのですから。

「なりゆき」というのは、流されることではなく、自分の意思で、目の前にやってきた波にひょいと飛び乗ること。「ぜったいにこうでなきゃ」と力を入れてバタバタす

るより、流れに乗ったほうがラクに行きたかった場所へ連れていってもらえます。

人生には思いがけない波がやってくるもの。「望んでいない部署に回されて……」「リーダーに任命されて……」「リストラされて……」という人もいるかもしれません。

でも、「思っていたこととは違うけど、これもあり」と、その場その場でできることをやっていると、そこでなにかの能力が開花したり、思わぬチャンスが舞い込んできたりします。「遠回りだったけど、逆によかった」ということが多いのです。

私も「ジャーナリストにならなきゃ」と頑なになっていたときは、うまくいかないことの連続でした。偶然、旅先で会った出版社の社長がビジネス書をつくっていたことから、十数年、本を書いているのですから、人生とは面白いもの。自分の力は小さくても、なりゆきに任せれば、偶然の力が味方をしてくれるのです。

「それもあり」と心を自由にして、偶然を歓迎しましょう

66

仕事の終わりに「明日やることリスト」を書いておく

仕事の段取りがうまく、サクサクと片付けていく人、反対に、モタモタとして仕事がなかなか片付かない人のちがいは、おもにつぎの2つでしょう。

「やるべきことがわかっていない」「優先順位がわかっていない」。

仕事が片付かない人は、〝決断〟に時間がかかっているもの。朝から「今日はなにをやるんだっけ」と考えるのに時間がかかる。メールチェックをしたり、書類を眺めたりと優先順位の低いことをやっていて、いつまでも重要な仕事が終わらないのです。

そんな事態にならないために、仕事の終わりに「明日やることリスト」を準備して、デスク前に置いておくことをおすすめします。その日の仕事の流れや、一週間の作業の分配などが見えているため、翌日のやることも、さらりと出てくるでしょう。翌朝はすぐに作業にとりかかれ、スタートアップは1時間以上、違うはずです。
私は生産性を上げるためにあれこれ試した結果、つぎの「アイビー・リー・メソッド」というタスク管理術に行きつきました。
1 明日やるべきことを書き出す（6つ以内）。
2 書き出したリストに、優先度順に1、2、3……と番号をつける。
3 翌日、その順番通りに仕事を進める（ひとつが終わるまで、それだけに集中する）。
4 全部、消化できなくても、さっぱり忘れる。
5 仕事の終わりに、新たに「明日やること」を書き出す。
6 1～5を繰り返す。
ずぼらな人でもシンプルな〝仕組み〟で「やることリスト」「スケジュール」を管理できるため、ストレスが少なく、習慣化しやすいはずです。

ルール化すれば、決断するエネルギーを、生産することに回せます

67

「なぜこれをやるの？」と目的を意識する

賢い仕事人と、そうでない仕事人の決定的な違いは、「なぜこれをやるのか？」という〝目的〟を意識しているかではないかと思っています。

たとえば、なにかのショップで働いていて「商品を並べて」と頼まれたとします。

惜しい人は、言われたとおりに商品をきれいに並べます。が、悠長に数えながら並べていたり、お客が商品をとるのをふさいでいたりと、少し的外れな行動をします。

賢い人は、「商品を並べるのは、お客様に見やすくして、買ってもらうため」とまずは〝目的〟を明確にします。そして、「そのためには？」と〝手段〟を考えます。

商品陳列をするときは、お客が手にとりやすいように並べ、いちばん押しの商品をいちばん前に出したりします。お客が来たら、すぐにセールスする側に回ります。

〝目的〟を意識するかしないかで、行動はまるで変わってきます。

会議をするとき、資料をつくるとき、イベントをするとき、買い物をするときなど、まず目的を押さえていれば、「なにが必要なこと」で「なにが不必要なこと」かがわかって行動できます。余計なことに気を取られず、目的を達成しやすくなるのです。

目的を意識しない人は、「人に言われたから」「みんながそうしているから」「前例がそうだから」「ただなんとなく」と思考停止の状態になっているかもしれません。

目的を意識する習慣がある人は、人生においても、漠然とでも「こんな人生を送りたい」という目的を意識しています。働き方や暮らし方、時間の使い方、つきあう人など、それに合った選択をしているはずです。

目的が見えていない人は、他人に人生のハンドルを預けた状態ではないでしょうか。

目的をもつことは、主体的に動くこと、生きることでもあるのです。

〝目的〟を意識すれば、〝手段〟は無限にあることがわかります

68

根回しに手を抜かない

「根回し」というと、陰で動き回ったり、ゴマをすったりするネガティブなイメージがありますが、仕事ができる人ほど、根回しは段取りの一部と考え、時間をかけます。

「会議でいい提案をしているのに反対される」「新しいことをしようとすると、なにかと文句を言われる」といった人は、根回しを甘くみているのかもしれません。

ある男性が、会社規約に従って育児休暇をとろうとしたところ、上司や同僚から「そんなの聞いてない」「夫が休まなきゃいけないの？」と大批判を浴び、足を引っ張られたとか。事前に同僚たちに事情を説明したり、休暇中の仕事について話し合ったりして、しっかり根回しをしていたら、みんなに応援されていたかもしれません。

根回しとは、「自分も関係者だ」と思っている人に、事前に同意を取っておくこと。

根回しを怠って「聞いていなかった」というだけでへそを曲げられ、反対に回られてしまうことは多々あります。だれだって自分を重んじてほしいもの。根回しは、仕事の「段取り」の一部であり、人に対する「思いやり」なのです。

会議でなにかを提案する前に、上司や力のあるキーマンなどに「これってどう思いますか?」と相談するのもひとつの根回し。一対一で話すと、理解、賛成を得られやすくなります。また、相談される人も〝当事者〟として一緒に考えてくれるので、心強い味方になり、案自体もさらによくなるでしょう。

家族や身近な人こそ、根回しは大事です。「〇〇するね」と事前のひと言がなかったばかりに、ケンカに発展したり、協力してもらえなかったりすることもあります。「相手はどう思うか?」と相手の立場になって考えることが、根回しのキホン。根回しに手を抜かない人は、まわりを大切にし、感謝している人でもあるのです。

根回しは、仕事、人間関係の潤滑油です

69

人に頼ることを恐れない

大きな結果を出している人ほど、こんなことを言います。

「自分は大したことはしてないですよ。まわりの人たちに頼ってばかりです」

反対に、自分の力をなかなか発揮できなかったり、いつまでも仕事が終わらなかったりする人は、「どうして自分ばかり仕事が多いんだろう」と嘆きます。

私も元々は人に頼れない性格だったので、気持ちはわかります。

「頼むと人に迷惑がかかる」「甘えてはダメ。がんばればできるはずだ」となんとしても一人でやろうとしていました。でも、あるとき、先輩からこう言われたのです。

「それは自分の能力を買いかぶりすぎ。あなたが3時間やってもできないことを、30分でできる人もいる。もっと人を信用して、頼ることを覚えなさい」

たしかにそう。「自分ひとりでは大したことはできない」「まわりにできる人はいる」

と考えると、素直に頼りたいと思うようになります。「自分しかできない」と思っていたことも、人にやり方を教えると、自分よりはるかに上手に速くできたりします。そして、思いきって任せた分、自分の時間が増えて、得意なことに集中したり、余裕をもってスケジュールを組んだりできるのです。

頼むのが苦手な人は「ついでに私の分も頼みたい」「これは○○さんが得意だから頼みたい」「時間が空いていたら頼みたい」というところから始めるといいでしょう。日ごろからコミュニケーションをとっていたり、自分ができることは喜んで手伝っているうちに、だんだん頼んだり、頼まれたりするチームワークができてきます。できないことは頼む習慣で、仕事の合理化ができて、それぞれの力を発揮できるだけでなく、信頼できる人間関係もできていくのです。

助け合うと、自分の時間が増えます

70

「遊び」の予定を先に入れる

「仕事が大事？　遊びが大事？」と聞くと、大抵の人は「もちろん、仕事」と答えるでしょう。生活のキホンですから。では、つぎの質問はどうでしょう。

「1カ月だけ空白の時間があったら、仕事がしたい？　遊びたい？」

よっぽど夢中な仕事でないかぎり、多くは「遊び」と答えるのではないでしょうか。

いえ、夢中になって仕事をしている人ほど、「遊び」は重要です。休息も含めて、リフレッシュする時間があってこそ、新鮮な気持ちでいい仕事ができるはずです。

「死ぬときに後悔すること」としてよくあげられるのが、「あんなにがむしゃらに働かなくてもよかった」「自分のしたいことをすればよかった」というものですが、「遊び」は、満足する人生を送るためにも、ものすごく重要なものなのです。

それなのに、仕事の予定はしっかり立てても、遊びの予定は「時間ができたら」「お金があったら」と軽視しがち。なかなか実行できない人がなんと多いことか……。

本当に仕事ができる人たちは、遊びを重視しているので、その予定を先に入れて、よっぽどの事情がないかぎり、動かさないようにします。

たいへん多忙な友人は、年初めに年2回の長期休暇の旅行計画を立て、チケットを予約して、その間、他の予定は入れない習慣を毎年、実行しています。

私も、「これはぜったいに実行したい」という遊びの予定は、数カ月、数週間前から先に入れてしまいます。すると、なんとしてでも仕事を終わらせようとします。「今月はあの予定がある」とウキウキするだけでも、毎日をご機嫌に過ごす絶大な効果があるのです。

後悔しない生き方をしようと思うなら、遊びの時間はかならず確保しましょう。

遊ぶ時間、休む時間を先取りすると、仕事も充実してきます

71

出したものはすぐにしまう

1日のなかで「探しもの」をする時間ほど、無駄な時間はないでしょう。
書類、メモ、ペン、ハサミ、眼鏡、名刺入れ……使おうと思ったときに見つからないと、仕事が中断するだけでなく、イライラして仕事に集中できなかったり、書類やメモが出てこなくて、ミスや、やり直しにつながったり……。出かけるときにモノを探していて、遅刻しそうになることもあるかもしれません。

片づけ名人の友人が教えてくれた「探しものをしないための王道」は3つだけ。

1 モノの置き場所を決めておく。
2 モノを使ったら、すぐにしまう。
3 よく使うモノは取り出しやすい位置に置いておく。

たったこれだけのことなのに、わかっちゃいるけど、できないのが人間。「なぜかいつも探しものをしている」という人は、つい面倒がって、1分もかからない〝その都度〟の片付けができず、そのあたりに置きっぱなしにしてしまうのです。

1〜3の習慣が身についている人は、「これがいちばんラク」と言います。

すっきり片付いた状態をキープしようとするため、まとめて片付けたり、探したりする時間がほとんどなくなります。「片付けなきゃ」という小さなストレスをなくして、仕事や家事に集中できます。ほかにも、買い物をしてきたら、すぐに冷蔵庫や棚など所定の位置に置く。郵便物や領収書はすぐに処理する。使っていないものを見つけたらすぐに捨てる……と、〝その都度〟が自然と身についてきます。

効率的に仕事や家事をしようと思ったら、整理整頓は必須なのです。

片付けは時間節約の第一歩です

72

つねに少しだけ余力を残す

全力で取り組むよりも、少しだけ余力を残すのが、長続きをさせるヒケツです。ほんとうに才能を発揮している人たちは、一生懸命やっているように見えて、じつは2~3割、余力を残しています。人間は、がんばれる量が決まっているのです。

連日、朝から日付が変わるまで仕事をしていたことがありました。仕事の時間が長くなると、集中力がとぎれて生産性が落ちてきます。ヘトヘトに疲れ切って帰宅したあとは、なにもする気になれず、ただ寝るだけの日々。ほとんどの同僚たちが数カ月、長くても2~3年で「もうムリです」と燃え尽き症候群になって職場を去っていきました。私も体を壊すまでやりましたが、その数年間はほぼ仕事漬けで、多くの大事なことを犠牲にしてしまったことは否めません。

若いころは、自分のペースで働くことはむずかしく、無理がきくものです。しかし、そんな無理のツケはかならず、10年、20年後に、体の不調やキャリアの中断、「あれをしておけばよかった」という後悔など、さまざまな代償として返ってきます。

ジョギングや語学学習など日々の習慣も、「もうちょっとできるんだけど」という80％のところでやめるのが、長続きをさせるコツ。１００％の力を出し切ると、一瞬、気分がよくても、翌日、「またがんばろう」という気力がわいてきません。

何十年もベストセラーを生み出している、ある有名作家も、毎日、同じ分量の原稿を書き、どんなに気分がのっていても、そこで止めて、つぎにつなげるとか。

つねに全力でがんばるよりも、余力を残しながら続けたほうが、〝気力〟も〝体力〟もある状態で取り組め、それを積み重ねると、〝能力〟になっていきます。

仕事、勉強、趣味、家事育児……ほとんどのことは１日だけでは終わりません。元気な毎日を送るためには、少しだけ余力を残しておく必要があるのです。

能力があっても、気力、体力がなければ生かせません

73

失敗したら、つぎの〝希望〟を見つける

私たちは、できれば失敗をしたくないと思って生きています。

仕事でミスをしたくない、恋愛や結婚で失敗はしたくない、お金で損はしたくない、恥をかくようなことも、叩かれるようなこともしたくないと。

しかしながら、どんなに用意周到に計画しても、慎重に生きていても、だれにでも失敗はあり、どん底に突き落とされたような気分を味わうことがあります。

そんなとき、自分を責めたり人のせいにしたりして、いつまでもクヨクヨ引きずっている人は、失敗したショックで、すっかり自信をなくしてしまうのでしょう。

立ち直りの早い人は、ともかく、できるだけ早く、つぎの〝希望〟を見つけて歩き出します。仕事でミスをしたら「つぎこそは、ぜったいに成功してやる！」、失恋し

たら「つぎはもっと素敵な恋人を見つけて、幸せになってやる!」というように。

反省はしても、「後悔なんか、するもんか!」と思っています。

科学者は何百回も失敗をして、ひとつの成功にたどり着くといいますが、〝希望〟があれば、〝失敗〟ではなく、そこにたどり着くための〝プロセス〟になります。

そうして、あとになって考えると、失敗は、貴重な財産だと思えてきます。


失敗のすばらしい点は、狙ってできるものではないことです。

これこそ、〝有難いこと(起こるのが難しいこと)〟といえるかもしれません。

だれでも痛い思いはしたくないけれど、痛い思いは成長のためには必要不可欠。

失敗があるから、強烈な学びも、深い感動もあります。人生のシナリオを盛り上げるためにも、失敗を「これでいいのだ!」と歓迎して進もうではありませんか。

失敗ではなくて、学んでいるだけです

74

迷ったら「原点」に戻る

山道で迷ったとき、先に先に進んでいこうとすると、迷宮のなかに入り込んでしまいます。一度、元にいた場所に戻ってみるのが基本です。

仕事や生活でも、「あれ？　私はなにをしたかったんだっけ？」「このやり方でいいのか？」と迷ったときに、原点に戻る習慣が私たちを助けてくれます。

そこで新しいことをしようとすると、本筋からどんどん外れていきます。

「原点に戻る」とは、初心や基本に返ることをいいます。

たとえば、ひとつのプロジェクトを成功させようとしたとき、予算や体裁、まわりの目などを気にしていると、前に進めなくなったり、方向性が変わってきたりします。

また、就職をしたり、結婚をしたりして、数年も経ってくると、忙しい毎日に明け暮れ、人間関係の摩擦に疲れて、すっかり自分を見失ってしまうことがあります。

細かい部分にこだわり過ぎて、全体像が見えなくなってしまうのです。

そんなとき、いちばん最初の「そもそも、どうしてこれをしたかったのか?」「どうなりたかったのか?」という初心を思い出すと、「あぁ、そうだった」と、進むべき道や、やるべきことがハッキリと見えてきます。

原点に戻ってみるということは、新しいことを始める以上に大事なことです。

なにかを始めようとしたときの気持ちは、いちばん純粋でシンプルな、ものごとの本質を意味しています。いきたい場所にたどり着く最短ルートを教えてくれるのです。

迷ったら「なにをしたかったのか」「どうなりたかったのか」に返りましょう。

この道標《みちしるべ》さえあれば、なにがあっても大丈夫。うまくいかないことがあっても、またやり直すことができるし、心から満足する場所にたどり着くこともできるのです。

初心に返れば、謙虚さも取り戻せます

75

一応、最悪のことを考えておく

なにかしようとしたとき、基本的には最高にうまくいくことをイメージする一方で、「万が一まかり間違って、最悪なことが起きたら……」と、一応、考えておく必要があります。

〝一応〟というところがポイントで、最悪のことばかり考えていたら、それに引きずられてしまいますから。

たとえば、万全のプレゼンテーションをしたつもりで、まわりの感触もよく、ほぼうまくいきかけていたときに、最後になってひっくり返されるということがあります。

一応、「そうなることもあるかも」と心づもりをしておくと、ショックはやわらぎます。そうならないための根回しやツメにも気を抜かなくなります。

ただ、それ以上に、「一応、最悪のことを考えておくこと」が重要なのは、そんな最後のカードをとっておくことで、思いっきり〝挑戦〟ができることです。

「こうなったときは、こうすればいい」と考えていれば、恐れることがなくなります。

不思議なもので、〝最悪〟をちゃんと考えていないと、「失敗するんじゃないか」「うまくいかなかったらどうしよう」と、漠然とした不安に苛《さいな》まれ、無意識に徐々に失敗していきます。

「仕事がなくなったときは、こうしよう」「孤独になったときは、こんな道もある」といった、自分なりの最後のカードを心にもっておけば、やりたいことに挑戦したり、言いたいことを言ったりすることもできるようになります。

追い詰められて、絶望の淵に立たされることもありません。

最悪を想定する習慣は、自分を守りながら、自分の道を進む習慣でもあるのです。

「最悪なこと」を想定すれば、なにも怖くありません

CHAPTER 6

時間の
使い方を変えて、
幸せ時間を
つくる習慣

76 生活の優先事項を3つ以内に絞る

現代人はほんとうに忙しい。社会生活を送っていると、「やらなきゃいけない」と感じることがつぎつぎに押し寄せてきます。いい仕事をすること、家族サービスをすること、人と交流すること、学ぶこと、運動をすること、服に気を使うこと……。情報をたくさん集め、1日に多くの予定を詰めることが「充実している」と思うかもしれません。

しかし、「たくさんのことをするのがいい」という価値観や時間の使い方は、そろそろ卒業しませんか?

あれもこれもと、あきらめない姿勢は、一見、パワフルに見えますが、現実は、どれも中途半端で不満が残り、疲れてしまうはずです。なにより、ほんとうに大切なことがわからなくなってしまうでしょう。

それよりも、自分にとって大切な優先事項を3つ以内に絞って、「あとは適当でいい」と手放してしまったほうが、幸せを実感できます。私たちが「やらなきゃいけない」と思っていることのほとんどは、実は「やらなくてもいいこと」なのです。

やることを広げるよりも、やることを絞って深めていったほうが、「自分はなにを大切に生きるのか?」という自分の軸ができて、充実感も、満足感も得られます。

手放したものは、永遠になくなるわけではありません。「いまは、これを大事にしたい」でいいのです。だれがなんと言おうと「いまは趣味が第一。あとは適当でいい」という人もいるし、「夢に向かって生きる」「家族ファースト」という人もいます。

自分の大切なものをちゃんと理解している人は、幸せで魅力的に見えます。

優先事項を絞る習慣で、人生の時間を大切にできるようになるのです。

人生でもっとも大切なスキルは、大切なことを絞る力です

77

「やらなければいけないこと」を「やりたいこと」に変える

やらなければいけないこと、やりたくないことなど、気が重いことをするのは、ものすごくエネルギーがいります。時間が長く感じられるかもしれません。

しかし、「この時間は嫌い」「早く過ぎてくれー」と思いながら過ごすのは、非常にもったいない時間の使い方だと思うのです。仕事や家事、人づきあい、勉強など、「やりたくないな〜」と思っていると、当然、気持ちも入らないし、雑になってしまう。うまくいかないから、ますますイヤになってくる……と悪循環をたどります。

私も、イヤなこと、苦手なことがあります。ほとんどのことは「やらなくてもいいこと」にしてしまいますが、請求書をつくること、郵便局に行くこと、掃除機をかけることなど、小さな「やらなければいけないこと」は次々に出てくるものです。

私は心が後ろ向きになったときこそ、丁寧にやることにしています。たとえば、書類作成を「せっかくだから、きれいにつくろう」とやっていると、だんだん真剣になり、夢中になってきます。きれいに完成したら、ちょっとした満足感があります。「15分でできるかやってみよう!」と、タイマーをオンにして、ゲーム感覚でやることもあります。郵便局に行かなきゃいけないときは「近くの美味しいパン屋さんにも寄ろう!」、掃除機をかけなきゃいけないときは「部屋がきれいになったら気持ちいいだろうな~」と小さな楽しみや喜びを見つけます。

辛いこと、苦しいことに目が向いていたら、いつまでも気が重いまま。嬉しい、楽しい、面白いといった〝快感〟をなんとしてでも見つけて、自分から飛び込んだら、「やらなければいけないこと」は「やりたいこと」に変わります。

自分を積極的な気持ちにしてあげる習慣は、幸せな時間をつくる習慣なのです。

なんでも丁寧にやれば、楽しさや面白さがわかってきます

78

「時間がない」と言わない

「時間がない」という言葉は、あまり言わないようにしています。「スケジュール管理能力がない」と言っているようなものですから。
もちろん、時間の余裕がないことはあります。優先順位の低いことはやりません。しかし、強烈に「これはしたい!」「この人に会いたい!」と思ったことは、かならず実行するようにしています。「時間がないからできない」ではなく、「時間がないなか、どうしたらいいか?」と考えると、なんとかなるものです。

先日は、仕事がたんまりあるなか、ずっと尊敬していた人に会えることになり、スケジュール帳とにらめっこ。「なんとかなりそう!」と膝を打ち、台湾に夕方着いて、翌朝帰る……という無茶なことをやってしまいましたが、「行ってよかった!」と満足感でいっぱい――そんな経験は、一生の財産になると思うのです。

かつては「時間がない」とやりたいことを先送りすることもありました。ですが、忙しい人をよく観察すると、そんな人にかぎって、ちゃっかり遊んでいたり、しっかり勉強を続けていたり、じっくりなにかに取り組んでいたりする……。彼らは「あれこれやるぞ！」とやみくもにがんばっているのではなく、優先順位をハッキリさせて、「限られた時間でも、できる方法はある」と時間の使い方に注力しているのです。

仕事と子育てで忙しい友人は、電車での通勤時間に勉強をして、いくつもの資格を取得しました。練習時間の短い進学高校のスポーツ部が、時間をかけた強豪校に勝利することがありますが、限られた時間で効率的な方法を編み出しているからでしょう。

時間は1日24時間、ひとしく与えられています。「時間がないから遊べない」「勉強できない」なんて言っていたら、人生が終わってしまいますよ。

「時間がないからできない」と言っている人は、時間があってもできません

79

テレビやスマホをオフにする時間をつくる

長年、多くのビジネスパーソンたちを見てきた占い師の友人が「成功する人の条件」としてあげていたのが、「テレビをつけっぱなしにしていない人」でした。「時は金なり」。彼らは、その行為がどれだけリスキーなのか、よくわかっているのです。

テレビをつけるのはBGM代わり、寂しくないから、情報が得られるからと、なんとなくの習慣。ですが、一度スイッチを入れたら、なかなか消せないのでは？

それもそのはず。テレビとは、頭のいい制作のプロたちが「いかにして長い時間、テレビにくぎ付けにするか？」と知恵を絞ってつくっているからです。

昨今は、スマホのアプリやSNSなどのほうが危険かもしれません。求めるものを提供してくれる〝快感〟があるために、ダラダラと中毒的に求め続けてしまう……。

多くの人は、テレビやスマホ、いいえ、その製作者たちに無意識にコントロールされて、大切な人生の時間を奪われ続けていることに気づかないのです。

しかも、情報が入ってくるほど、それを処理するために頭は疲れていきます。

試しに、1~2時間からテレビ、スマホから離れる時間をつくってみてください。

最初は落ち着きませんが、すぐに「時間が増えた」という感覚になるはずです。

家族と会話したり、食事を味わったり、読みたかった本を読んだり……と、大切なことに目が向くようになります。流れてくる情報を処理するだけの受け身の姿勢ではなく、自分で感じること、考えること、気づくことが増えてきます。

さらに「決めたものだけ見る」「決めた時間だけ見る」という習慣ができれば、驚くほど膨大な時間を取り戻せます。時間を無駄にしたという罪悪感を手放し、自分の誇りを取り戻せます。

時間の使い方で重要なのは、自分が時間の手綱を握ることなのです。


時間の主人公は〝自分〟。つねに主体的に選びましょう

80

15分、余裕をもって行動する

出がけに「いってらっしゃい。慌てるとケガするよ」と言うのが母の口グセでした。ケガをすることは滅多にありませんでしたが、痛い思いをしたことは数知れず。小さいことでいえば、待ち合わせに遅れそうになって慌て、うっかり反対方向の電車に乗ってしまったり、駅のホームでモタモタして「邪魔！」と怒鳴られたり、待たせた相手をイライラさせて奢《おご》る羽目になったり……と時間に余裕がないと、よくないことが起こりやすくなるものです。

ご機嫌な自分、やさしさ、幸せ……そんな快適な心の状態を遠ざけているもののひとつが「時間の余裕のなさ」です。

時間に余裕をもてば、気持ちにもずいぶん余裕ができます。

職場では、ミスを防ぐための確認ができる。他人のミスを大目に見ることができる。まわりの人をよく見て、たいへんそうなときは声をかけてあげられる……。

そんな余裕のある人のまわりには、自然に人が集まってきます。


「速く行動すること」ではなく、「早めに行動すること」が時間と心の余裕をつくるカギ。早めに動き始めれば、バタバタしなくても、確実かつ優雅に振舞えるのです。

ギリギリに行動するクセがある人は、いつも「少し早めに」を意識しましょう。

目的地には15分前に到着する。作業は30分前倒しで取りかかる。締め切りの数日前に提出する。レストランやチケットは早めに予約する……というように。

「早めに行動したら気分いい！」「早めにできた私って偉い！」と自分を大いに褒めながら自信をつけて、早めの行動の習慣を馴染ませていきましょう。


時間の余裕をもつだけで、ご機嫌な自分やさしさを取り戻せます

81

時間を細かく分けて、集中する時間をつくる

「あれこれ気を取られて、集中できなかった」ということはだれにでもあるでしょう。

そもそも人間は、集中し続けることが得意ではないようです。古来、危険を回避するために、あらゆる方面に意識を張り巡らせてきたのですから、無理もありません。

だから、「どうしても集中したい！」というときは、集中する〝仕掛け〟を自分につくってあげる必要があるのです。


私は、執筆に集中するために「横やりのない真夜中にする」「ホテルやカフェでする」などの方法を試みてきましたが、それだと時間帯や場所が制限されてしまいます。

そこで取り入れた習慣は、「時間を細かく分けて、ひとつだけに集中すること」。

これだと、いつでもどこでも集中する時間をつくれます。たとえば「これから30分

は○○の文章を書く」「15分間、勉強をする」「10分間、ストレッチをする」というように「いまはこのことだけ！」「ほかはなにもしない！」とその都度、決めるのです。

この方法には、キッチンタイマーという小道具が重宝します（なければ、スマホのタイマーなどでもOK）。ジリジリと時間の経過を感じて、適度な緊張感をもちつつ、ジーンとタイムアップするまで集中できます。当然、「そうだ、あれをやっていない」などと雑念が浮かんできますが、それはメモに書いて後回しにします。あとは5〜10分の休憩を入れつつ、細切れの集中タイムを重ねていけばいいのです。

ポイントは、時間を5〜50分間に細かく分けること（作業は25分集中、5分休憩がもっとも集中力が続くという説もあり）。もう少しやりたいと思っても、かならず休憩を入れること。たったこれだけのことで、絶大な効果があります。いつまでも宿題が終わらない小学生の姪に試したら、数時間、集中できるようになったほどです。

一つずつ、集中して終わらせていくのが、時間短縮には効果的

82

休日は「なにもしなくていい時間」をつくる

かつてある国の副大統領になった女性に、「なにをしているときがいちばん幸せですか?」と聞いたことがあります。

「仕事で○○をしているとき」などといった答えが返ってくると思ったら、「休日に家でゆっくりしているときよ。意外だった? 料理をしたり、本を読んだり、家族とおしゃべりをしたり。なにもしなくたっていいのよ。人間はアグレッシブな時間だけではなくて、心と体をゆるめる時間が必要なの」

衝撃……というか、あらためて考えると納得。

自営業の私は「今日は休みの日!」と決めても、「掃除をしなければ」「ジムに行かねば」「映画を観なければ」と予定を詰め込んで、結局、忙しくしてしまう。それでは、疲れを癒やすことはできず、なんのための休みなのか……。

「なにかをすること」ばかりに価値を置いて、「なにもしないこと」は無意味な時間だと思い込んでいたのは、休むことがどれほど重要なのかをわかっていなかったからです。


基本、休日はなにもしない。予定を入れても2件まで。2日休みがあったら1日は家でゆっくりするなどのルールを決めてから、仕事も集中できるようになりました。

「なにもしなくていい時間」は、心と体を解放してリラックスさせる時間。そんなときに思わぬアイデアが浮かんだり、些細なことに幸せを感じたりするのです。

家でゴロゴロしてもいいし、ぼーっとして過ごすのもいい。気が向いたら出かけてもいい。「〜しなければ」を手放して、自分の気持ちに素直に行動すればいいのです。

「なにもしないこと」にも大きな意味があります

83

「できないことはしない」と決める

ある高齢の女優さんがトーク番組で、「料理は一切しないし、家に包丁もない。だから、スイカをもらったときは困ったわ」と笑っていたことがありました。

ここまで潔く、ハッキリしていると、あっぱれ。お元気なのはストレスが少なく、やりたいことをやっているからでしょう。

私たちは、語学、趣味、人とのつきあいなどについて、「やりたくてもできない」などという言葉をよく使います。でも、やりたいことを放ったらかしにしていると、未消化な気持ちが残ってしまうのではないでしょうか。

いま一度、「それは心からやりたいのか?」と考えてみるといいでしょう。

「自分にとって大事なことなのだ」というなら、なんとしてでも時間をつくる必要があります。が、大抵は「優先順位の低いこと」か「やる必要はないこと」です。

ならば、「しない」「いまはしない」と決めてしまったほうがラク。限られた時間のなかタスクを増やしたり、苦手なことに執着して時間を費やすことはないでしょう。

「できないことはしない」と決めると、大げさなようですが、自分の人生が回り始めます。「自分にできること」に目を向けるようになり、自分の軸ができていきます。

まわりに認められる機会が増えて、頼ったり頼られたりするようになります。

ビジネスやスポーツ、芸術などで優れた才能を発揮している人たちは、できないことではなく、「自分にしかできないこと」を追求してきた人たちなのです。

大切なのは、できないことを手放して、「やれることをやる」という考え。そんなふうに自分の力を働かせていったら、心の中がシンプルに整理されて、自分にしかない圧倒する力になるはずです。

大人は「やること」「やらないこと」を自分で選択できます

84

毎日繰り返される時間を、丁寧に味わう

かつての私の生活は、仕事に明け暮れ、ただ寝に帰るだけという毎日でした。

つねに時間に追いかけられているようで、食事は10分ほどで流し込み、お風呂もちゃちゃっと入り、仕事はやってもやっても終わらない……。「いつまでこんな暮らしが続くのか。いつ幸せになれるのか」と出口の見えないトンネルにいるようでした。

しかし、いま、あのときを振り返ると、いいか悪いかはともかく、「あれはあれで、一生懸命で充実していた」とも思うのです。

ただ、若かったので、そのことにまったく気づかなかった。「幸せというのは、〝なる〟ものではなく、〝気づく〟ものだ」とわかったのは、ずっとあとからです。

もし、あのころの自分に声をかけてあげられるとしたら、「せっかくだから、毎日

繰り返される一つひとつの時間を、丁寧に味わってみない？」ということ。

朝起きたときは、キラキラした日差しを喜ぶ。料理をするときは、それを楽しむ。食事をするときは「美味しい」と感じながら食べる。お風呂に入るときは体の疲れを洗い流すようにつかる。寝るときは幸せな気分で眠りにつく……というように。

一つひとつを丁寧にしても、ちゃちゃっとやっても、時間は大きくは変わりません。特別なことで幸せになるのではなく、毎日繰り返されることで幸せになれるのなら、こんなに幸せな暮らしはないと思うのです。

余計なことは考えず、せっかくだから目の前のことを楽しもう、丁寧に味わおうとするだけで、いつもの日常がぜいたくな時間になり、心に余裕が生まれます。

日常の些細な幸せを見つけることこそが、笑顔で生きる〝知恵〟ではないでしょうか。


丁寧な時間の使い方は、丁寧で心のこもった人生になります

85

損得より「気分がいいこと」を基準にする

先般、結婚したある女優さんがこんなことを言っていたと聞きました。

「『だれを好きか』より『だれといるときの自分が好きか』が重要らしい……」

なるほど、うまい言葉だなぁと思ったのです。一瞬、「相手のことを好きになることが大事なのではないか？」と思う人もいるかもしれません。

しかし、これは勝手な解釈ですが、「こんな相手がいい」ではなく、「自分がこうありたい」という依存心のない言葉だと思うのです。

その人といると「素直になれる」「成長できる」「自分はこれでいいと思える」など、気持ちが満たされて幸せなら、相手も幸せにしたいと自然に思うはずです。

時間の使い方も似たようなところがあるかもしれません。

「なにをしているときの自分が好きか」、つまり、なにをしているとき、自分は気分がいいのかを基準に選ぶと、幸せを感じやすいでしょう。

損得や競争、世間の評価、まわりの目などを気にして時間を使ってはもったいない。どんな豪邸に住んで、人がうらやむ暮らしをしていても、ケンカが絶えなかったり、やりたいことができなかったりしては、幸せとはいえないでしょう。

お金がなくても、孤独でも、人がなんといおうと、「自分はやりたいこと（気分がいいこと）をやっている」と思えば、幸せです。

自分がやりたいことは、単に気分のいいことばかりでもなく、苦しいこともありますが、それでもなにか酔狂的な気分のよさ、快感があるから、やっているのでしょう。「これをやっていて気分がいいのか」「自分を好きになれるのか」、そんなふうに自分の心と向き合えば、大切な時間を大切に使えるのではないでしょうか。

いつも自分の心が道しるべです

86

やりたいことは、すぐにする

やりたいことは、できるだけすぐに動いて、やってしまったほうがいいと思うのは、「やりたいこと」には〝鮮度〟があるからです。

今日やりたいことは、明日、やりたくないことになっているかもしれません。「それならそれでいいじゃないか」とツッコミが入りそうですが、それでは「やりたいことをやった」という〝快感〟がひとつ減ってしまうのです。

「やりたいこと」というのは、その時点で自分にとって必要だと感じたことです。たとえば、「この本が読みたい」と思ったときは、その本のなかに自分の欲求（＝ニーズ）を満たしてくれるものがあるからでしょう。「あとで読もう」と放置していて、忘れたころに読んでも、そのときの欲求も忘れているので、あまり頭に入ってきません。

「いつか旅行をしよう」「いつか親孝行しよう」「いつか○○を学ぼう」と先送りしているうちに、実現不可能になったり、気力や体力がなくなったりします。

できることなら早めにやったほうが、より多くの〝快感〟が得られるでしょう。

そんな快感を集めながら生きるのが、「時間の充実」のひとつではないでしょうか。

ただし、「実現まで時間がかかったからこそ、尊い」ということもあります。

「コツコツあたためてきて、やっと実現した」「やっとできる状況になった」など、情熱が続いているものなら、時間がかかった分、喜びや感動も大きいでしょう。

人生の目的をどうとらえるかは、人それぞれですが、やりたいことを実現するのが目的ということだけでなく、それに向かって夢中で時間を生きることそのものも、人生の目的ではないかと思うのです。

夢中になって走っている人は幸せです

87

だれかのために時間を使う

ある男性がこんなことを言っていたことがありました。

「男はよく『家族のために毎日がんばってる』なんて恩きせがましく言うけど、あれは違うよね。仕事は自分が認められたいとか、役に立ちたいって気持ちがあるからやってるわけで、そもそも家族を養うのも、そうしたかったからでしょう」

たしかに「100%だれかのための時間」というのはありえないと思ったのです。「自分のための時間」「だれかのための時間」は、単純に割り切れるものではありません。「あの人にはこれだけやってあげた」「親が望むように生きてきた」「会社のために働いてきた」という人は、自分の時間を犠牲にしてきたと思っているのでしょう。

わかっておきたいのは、人生の時間はすべて「自分で選択できる自由時間である」

ということ。どう使うかは、一人ひとりに委ねられています。「いや、そんな自由はない」と思うなら、「～しなくては」という呪縛に縛られているのかもしれません。「だれかのための時間」でも、「自分がそうしたいから」と思えば、「自分のための時間」になります。その意識がなければ、他人に振り回されてばかりの時間です。

逆に「自分のための時間」ばかりでも、虚しさがあるものです。人は「だれかのためだからがんばれる」ということが多い。仕事をするのも、食事を作るのも、遊びの計画を立てるのも「あの人の喜ぶ顔が見たい！」と思えば、俄然《がぜん》、張りきります。

人の役に立ったり、認めてもらえたりすることで、安心感も幸せも得られます。

自分のための時間も必要ですが、「だれかが喜んでくれることが自分の幸せ」と思える時間をもてたら、より大きな幸せがもたらされるのではないでしょうか。

「あの人の喜ぶ顔が見たい」は自分を育ててくれます

88

「与えられた人生の時間」を意識する

大切な友人が、この世界から旅立っていきました。

家族のいない彼女は、亡くなる数カ月前に主治医から「動けるのはあと2～3か月ですから、いまのうちに会いたい人に会って、行きたいところに行っておいてください」と言われたといいます。

そのとき、「そんなこと、いまさら言われなくても、ずっとやってきたあたりまえのことよね」と笑った彼女は、たしかに、それまでと同じ時間との向き合い方をしていました。やりたいことをやり、やりたくないことはしない。会いたい人に会い、会いたくない人には会わない。自分の好きな世界を大切にする。人のためにできることをする……。

ホスピスに入ってからも「もっといろいろなことを知りたい」と本を読み、お見舞いにきた友人たちと大いに笑い、持ち物はきれいに処分して去っていきました。

悲嘆するのではなく、「いまの幸せな時間」を心から喜んでいました。10代20代で大病をした彼女は、人生の時間をいつも意識していたのかもしれません。

よく「残された時間」などと言いますが、ほんとうは「与えられた人生の時間」ではないでしょうか。そもそも生まれたこと、生きていること自体が奇跡なのですから。

「与えられた時間」を意識する習慣のある人、まったく意識していない人では、時間の過ごし方はまったく変わってきます。「与えられた時間」を意識していれば、ほんとうに大切なことに時間を使いたいと思います。人を恨んだり、後悔したりしている場合ではなく、人生のストーリーを俯瞰《ふかん》的に、真剣に考えるようになります。

将来を漠然と不安がるのではなく、現実的に時間に向き合うようになります。

どの時点を切り取っても「いい時間を過ごした」と思える生き方がしたいものです。

「時間には限りがある」とわかっている人は強い

著者紹介

有川真由美（ありかわ・まゆみ）

作家、写真家。鹿児島県姶良市出身。熊本県立熊本女子大学生活科学部生活環境学科卒業、台湾国立高雄第一科技大学応用日本語学科修士課程修了。化粧品会社事務、塾講師、衣料品店店長、着物着付け講師、ブライダルコーディネーター、フリー情報誌編集者など、多くの職業経験を生かして、働く女性へのアドバイスをまとめた書籍を刊行。46カ国を旅し、旅エッセイも手掛ける。著書はベストセラー「感情の整理ができる女（ひと）は、うまくいく」「30歳から伸びる女（ひと）、30歳で止まる女（ひと）」「仕事ができて、なぜかうまくいく人の習慣」「一緒にいると楽しい人、疲れる人」（ＰＨＰ研究所）他、「感情に振りまわされない ― 働く女（ひと）のお金のルール」（きずな出版）、「好かれる女性リーダーになるための五十条」（集英社）、「遠回りがいちばん遠くまで行ける」（幻冬舎）など多数。韓国、中国、台湾でも翻訳される。内閣官房すべての女性が輝く社会づくり推進室「暮しの質」向上検討会委員（2014 － 2015）。日本ペンクラブ会員。

いつも機嫌《きげん》がいい人《ひと》の小《ち》いさな習慣《しゅうかん》

仕事《しごと》も人間関係《にんげんかんけい》もうまくいく88のヒント

第 1 刷　2019 年 10 月 30 日
第 21 刷　2024 年 12 月 10 日

著　者　有川真由美《ありかわまゆみ》

発行人　山本修司
発行所　毎日新聞出版
〒 102-0074　東京都千代田区九段南 1-6-17　千代田会館 5 階
営業本部：03（6265）6941
図書編集部：03（6265）6745

印刷・製本　光邦

ISBN978-4-620-32608-5